W0372139

© Verlag Zabert Sandmann
München
1. Auflage 2013
ISBN 978-3-89883-381-3

Grafische Gestaltung: Georg Feigl, Jürgen Endriß (Netzwerk GbR)
Foodfotografie: Andrea Kramp & Bernd Gölling
Foodstyling: Hermann Rottmann
Porträtfotos: Foto Sessner
Rezeptküche: Monika Reiter, Gerlinde Hans, André Schellenberg
Redaktion: Sarah Fischer, Eva-Maria Hege, Ines Alms
redaktionelle Mitarbeit: Regina Rautenberg, Kathrin Gritschneder
Vorwort: Rudolf Bögel
Herstellung: Karin Kotzur, Peter Karg-Cordes, Irene Schulz
Lithografie: Jan Russok
Druck & Bindung: Mohn Media Mohndruck GmbH, Gütersloh

Beim Druck dieses Buchs wurde durch den innovativen Einsatz der Kraft-Wärme-Kopplung im Vergleich zum herkömmlichen Energieeinsatz bis zu 52% weniger CO_2 emittiert.

In Zusammenarbeit mit dem Bayerischen Fernsehen
mit Lizenz durch die BRW-Service GmbH

Besuchen Sie uns auch im Internet unter www.zsverlag.de

Alfons Schuhbeck * Angelika Schwalber

herzhaft & süß

Feine Kleinigkeiten

ZABERT SANDMANN

INHALT

Klein, aber fein

Wer kennt das nicht? In Bayern hat man ein »Gluscht«, also eine plötzlich auftretende Lust, auf ein bisserl was zum Essen. Man hat gar keinen richtigen Hunger, nur Appetit. Deswegen muss es auch nix Großes sein, höchstens eine Kleinigkeit. Aber eine feine! Die einen mögen lieber was Süßes, die anderen stehen auf was Herzhaftes. Und das möchten wir, die Angelika und der Alfons, Ihnen hier in diesem Buch auch servieren. Feine Kleinigkeiten, herzhaft und süß. So wie wir zwei halt sind.

Statt einer Riesen-Paprika füllen wir eine Peperoni, das Tatar gibt's nicht als großen Haufen auf dem Teller, sondern als Törtchen, und die Kuchen kommen entweder als Cupcakes oder als Cakepops auf einem Stiel daher. Moderne und trendige Küche, aber ganz einfach zum Nachkochen und Nachbacken. Denn das ist uns beiden wichtig. Was nützen die schönsten Rezepte, wenn sie hinterher bei Ihnen in der Küche oder in der Backstube nicht funktionieren?

Herzhaft und süß, klein, aber fein. Die Gegensätze sind bei uns auch in diesem Buch wieder einmal Trumpf. Aber Gegensätze ziehen sich ja bekanntlich an. Hier Zimt und Vanille, dort Chili und Pfeffer. Wenn die aufeinandertreffen, dann rauscht's, nein dann schmeckt's erst so richtig. Manche Gewürze sind kulinarische Wanderer zwischen der Koch- und der Backwelt und überall daheim. Zum Beispiel das Lebkuchengewürz. Das nimmt die Konditorin gern zum Backen her. Und der Koch gibt ein Stückerl Lebkuchenbutter zum festlichen Schweinefilet dazu. Gleiches Gewürz, anderer Geschmack. Ist doch super, oder?

Aber nicht nur in der weihnachtlichen Küche sind feine Kleinigkeiten gefragt. Sondern auch im Frühjahr und im Sommer, wenn man an die schlanke Linie denkt fürs Baden und Sonnenbaden. Da haben wir uns auch ein paar kulinarische Gedanken gemacht.

Sonnige Gerichte, die Sie und Ihr Leben ein bisserl leichter machen. Klein, fein, fit – das ist unser Motto. Mit Brathendlsalat, Joghurtsuppe und Meeresfrüchten treten wir den Beweis an, dass auch herzhafte Küche nicht unbedingt schwer sein muss. Und Süßigkeiten wie Obstkörbchen, Himbeerlollis und Minigugelhupf sind ideal für den kleinen Hunger zwischendurch und fallen nicht wirklich ins Gewicht.

Bei all den Gegensätzen finden wir zwei, der Koch und die Konditorin, aber auch jede Menge Gemeinsamkeiten. Nur dass wir die Zutaten halt anders interpretieren. Aus der Ananas macht die Angelika eine leckere Tarte und der Alfons einen wunderbaren Toast Hawaii. Das Beste aus beiden Welten, das sind die Angelika und der Alfons. Und wenn Sie sich jetzt auf eine geschmackliche Weltreise zwischen den beiden Polen Herzhaft und Süß begeben, dann wünschen wir Ihnen jetzt schon mal einen guten Appetit und viel Spaß beim Nachmachen.

Ihre Angelika Schwalber und Ihr Alfons Schuhbeck

herzhaft

von Alfons Schuhbeck

Gefülltes Parmesankörbchen mit Seeteufel

Zutaten für 4 Personen

Für die Parmesankörbchen:
100 g Parmesan (am Stück)

Für den Datteltomaten-Minze-Salat:
¼ rote Zwiebel
250 g rote und gelbe Datteltomaten
50 g grüne Oliven (entsteint)
1 Kästchen Pioppini-Pilze
1 EL braune Butter (siehe Tipp unten)
1 Knoblauchzehe (in Scheiben)
1–2 EL Weißweinessig
2 EL mildes Olivenöl
Zimtpulver
5 Minzeblätter (frisch geschnitten)

Für den Seeteufel:
½ TL ganzer Kümmel
½ TL Korianderkörner
½ TL Anissamen
400 g Seeteufelfilet
1 EL Öl zum Braten
1 Stück Vanilleschote (ca. 2 cm)
2 EL mildes Olivenöl
Salz

1 Für die Parmesankörbchen den Parmesan fein reiben. Eine beschichtete Pfanne bei mittlerer Temperatur erhitzen. Nacheinander je ein Viertel des Parmesans als Kreis (etwa 12 cm Durchmesser) gleichmäßig in die Pfanne streuen und goldbraun schmelzen lassen. Die Pfanne vom Herd nehmen und die Parmesanhippe darin kurz abkühlen lassen, bis sie noch elastisch ist, aber mit einer Palette gelöst werden kann. Möglichst heiß in ein Glasschälchen drücken, dabei über den Rand schauen lassen. Die Parmesankörbchen auskühlen lassen.

2 Für den Datteltomaten-Minze-Salat die Zwiebel schälen und in feine Würfel schneiden. Die Tomaten waschen und halbieren. Die Tomaten mit den Zwiebelwürfeln und den Oliven in eine Schüssel geben. Die Pioppini-Pilze vom Beet schneiden und putzen. Die braune Butter in einer Pfanne erhitzen und die Pilze darin mit dem Knoblauch anbraten. Die Pilze zum Salat geben, alles mit Essig und Olivenöl beträufeln und mit 1 Prise Zimt und der Minze würzen. Den Salat vorsichtig mischen, gegebenenfalls noch etwas nachwürzen.

3 Für den Seeteufel Kümmel, Korianderkörner und Anissamen in einer beschichteten Pfanne ohne Fett rösten und wieder herausnehmen. Das Seeteufelfilet waschen, trocken tupfen und in 16 Stücke (1½ bis 2 cm groß) schneiden. Die Fischstücke mit der Gewürzmischung bestreuen. Das Öl in einer Pfanne erhitzen und die Fischstücke darin mit der Vanilleschote auf einer Seite 1½ Minuten anbraten. Wenden und kurz weiterbraten. Die Fischstücke auf einen Teller setzen, mit Olivenöl beträufeln und mit Salz würzen.

4 Die Parmesankörbchen auf Teller stellen, den Datteltomaten-Minz-Salat hineinfüllen und nach Belieben mit Basilikum und Minze garnieren. Die Seeteufelstücke daneben anrichten.

Alfons Schuhbeck empfiehlt

Für das Parmesankörbchen sollten Sie den Käse unbedingt in einer beschichteten Pfanne schmelzen, damit er sich wieder gut vom Pfannenboden löst.
Braune Butter verleiht vielen Gerichten ein feinnussiges Aroma. Für 200 g braune Butter 250 g Butter in einem Topf bei milder Hitze zerlassen. Dann etwa 10 Minuten köcheln lassen, bis sie goldbraun ist. Die Butter durch ein mit einem Küchenpapier ausgelegtes Sieb gießen, in einer Schüssel auffangen und abkühlen lassen. Gut verschlossen, hält sie sich im Kühlschrank mindestens 8 Wochen.

Garnelenragout mit Austernpilzen

Zutaten für 4 Personen

Für die Garnelen:
400 g Riesengarnelen (geschält)
150 g Austernpilze
1 Knoblauchzehe
2 Frühlingszwiebeln
1 EL Öl
1 TL Ingwer (in feinen Würfeln)
mildes Chilisalz

Für die Sauce:
2 Stängel Zitronengras
2 Knoblauchzehen
3 Kaffir-Limettenblätter
400 ml Kokosmilch
2 TL rote Currypaste
1 TL brauner Zucker
4 Scheiben Ingwer
Salz

1 Die Garnelen am Rücken entlang einschneiden und den Darm entfernen. Die Garnelen waschen, trocken tupfen und in etwa 1 ½ cm große Stücke schneiden. Die Austernpilze putzen, falls nötig, trocken abreiben und ebenfalls in etwa 1 ½ cm große Stücke schneiden. Den Knoblauch schälen und in feine Würfel schneiden. Die Frühlingszwiebeln putzen, waschen und in feine Ringe schneiden.

2 Für die Sauce vom Zitronengras die welken Außenblätter und die obere, trockene Hälfte entfernen, die untere Hälfte längs aufschlitzen. Den Knoblauch schälen und in Scheiben schneiden. Die Kaffir-Limettenblätter mehrmals einreißen.

3 Die Kokosmilch und die Currypaste in einem Topf verrühren. Zitronengras, Knoblauch, Kaffir-Limettenblätter, braunen Zucker und Ingwer hinzufügen und alles langsam bis knapp unter den Siedepunkt erhitzen. Die Sauce einige Minuten ziehen lassen und dann durch ein Sieb gießen. Mit Salz abschmecken.

4 Das Öl in einer großen Pfanne erhitzen, die Garnelen und Pilze darin unter Rühren 2 bis 3 Minuten anbraten. Den Knoblauch, den Ingwer und die Frühlingszwiebeln dazugeben, mit Chilisalz würzen und kurz mitbraten. Die Sauce auf vorgewärmte tiefe Teller verteilen und die Garnelen mit den Austernpilzen mittig darauf anrichten.

Alfons Schuhbeck empfiehlt

Selbst gemacht schmeckt die rote Currypaste besonders aromatisch: Für 100 g Paste 10 große getrocknete rote Chilischoten entkernen und im Mörser fein zerstoßen. 1 gehäuften EL gehackten Galgant zu den Chilis geben. 2 Stängel Zitronengras putzen und das Innere in Scheiben schneiden. Mit 5 kleinen Knoblauchzehen und 2 Thai-Schalotten (in Würfeln) zu den Chilis in den Mörser geben und zerstoßen. 1 bis 2 Kaffir-Limettenblätter in sehr feine Streifen schneiden. Mit 1 gehäuften TL Garnelenpaste und ½ TL Salz in den Mörser geben und alles zu einer feinen, glatten Paste zerstoßen. Gut verschlossen, hält sich die Currypaste im Kühlschrank mehrere Wochen.

Gebratene Jakobsmuscheln auf Orangen-Fenchel-Salat

1 Für den Orangen-Fenchel-Salat den Fenchel putzen und waschen. Den harten Strunk entfernen und den Fenchel in Stücke schneiden. Den Sellerie putzen, waschen, die Blätter beiseitelegen und die Stange schräg in Stücke schneiden. Fenchel und Sellerie in einem Topf in der Brühe 5 Minuten dünsten, dabei mit einem passend rund geschnittenen Stück Backpapier bedecken. Das Gemüse in ein Sieb abgießen und den Fond auffangen.

2 Für das Dressing den Gemüsefond mit Senf, beiden Ölsorten, Zitronensaft, Orangenschale sowie je 1 Prise Chilisalz und Zucker in einen hohen Rührbecher geben und mit dem Stabmixer verrühren. Die Granatapfelkerne zum Gemüse geben, alles mit dem Dressing mischen und ziehen lassen.

3 Für die Jakobsmuscheln den Backofen auf 150 °C vorheizen. Die Muscheln unter fließendem kaltem Wasser mit einer Bürste gründlich säubern. Die Muscheln an der gewölbten Seite mit einem Küchentuch in die Hand nehmen. Mit einem Messer zwischen die Hälften fahren und entlang der flachen Muschelseite schneiden. Mit einem Löffel das ganze Muschelinnere herauslösen. Das weiße Muskelfleisch mit kaltem Wasser abspülen und trocken tupfen. Den orangefarbenen Rogen entfernen. Die 4 Schalenhälften mit der Vertiefung gründlich waschen und abtropfen lassen. Im Ofen 10 bis 15 Minuten trocknen lassen und bis zum Anrichten darin warm halten.

4 Eine große Pfanne bei mittlerer Hitze sehr heiß werden lassen. Das Olivenöl hineingeben und die Jakobsmuscheln darin auf jeder Seite etwa 1 Minute anbraten. Die Pfanne vom Herd nehmen und die Muscheln darin je nach Größe noch kurz nachziehen lassen. Zimt, Knoblauch, Ingwer, Vanilleschote und braune Butter dazugeben und die Muscheln mit Chilisalz würzen.

5 Etwas Meersalz auf Teller verteilen und jeweils 1 Muschelhälfte daraufsetzen. Den Orangen-Fenchel-Salat auf die Muschelschalen verteilen und je 2 Jakobsmuscheln darauf anrichten. Eine Prise Zimt darüberreiben und den Forellenkaviar daraufsetzen. Nach Belieben mit Chicoréeblättern, Orangenfilets, Kerbel und Sellerieblättern garnieren und Granatapfelkerne und Pistazien darüberstreuen.

Zutaten für 4 Personen

Für den Orangen-Fenchel-Salat:
1/4 Fenchelknolle
1 Stange Staudensellerie (mit Grün)
80 ml Gemüsebrühe
1 TL Dijon-Senf
1 EL Öl
1 EL mildes Olivenöl
1 EL Zitronensaft
1/2 TL abgeriebene Bio-Orangenschale
mildes Chilisalz
Zucker
1–2 TL Granatapfelkerne

Für die Jakobsmuscheln:
8 Jakobsmuscheln (in der Schale)
2 TL Olivenöl
1 Zimtsplitter
1 Knoblauchzehe (in Scheiben)
2 Scheiben Ingwer
1 Stück Vanilleschote (ca. 2 cm)
2 EL braune Butter (siehe Tipp S. 10)
mildes Chilisalz

Außerdem:
grobes Meersalz
1 Stück Zimtrinde
1–2 TL Forellenkaviar

Gebackene Zandernockerl auf Endivien-Paprika-Salat

Zutaten für 4 Personen

Für die Zandernockerl:
je 1 TL Anissamen, schwarze Pfeffer- und Korianderkörner
250 g Zanderfilet · Salz
250 g Sahne
1 Spritzer Zitronensaft
1/2 TL abgeriebene Bio-Zitronenschale
1 TL scharfer Senf
mildes Chilisalz
frisch geriebene Muskatnuss
1–2 TL Dillspitzen (frisch geschnitten)
1 TL Estragonblätter (frisch geschnitten)
4 Scheiben Toastbrot
Öl zum Braten

Für den Endivien-Paprika-Salat:
150 g Endiviensalat
je 1 rote und gelbe (oder orangefarbene) Paprikaschote
Salz · 100 g Mango
1 EL Dillspitzen (frisch geschnitten)
1 EL Petersilienblätter (frisch geschnitten)
80 ml Gemüsebrühe
1 TL Dijon-Senf
1 TL süßer Senf
1/2 TL abgeriebene Bio-Orangenschale
mildes Chilisalz
Zucker
2 EL mildes Salatöl

1 Für die Zandernockerl Anissamen, Pfeffer- und Korianderkörner in eine Gewürzmühle füllen. Das Zanderfilet waschen, trocken tupfen, in kleine Würfel schneiden und mit Salz würzen. Die Fischwürfel und die Sahne etwa 5 Minuten in das Tiefkühlfach stellen.

2 Dann die Fischwürfel im Blitzhacker kurz anmixen. Etwa ein Drittel der eiskalten Sahne mit Zitronensaft, -schale und Senf hinzufügen und alles mit Chilisalz, Muskatnuss und den Gewürzen aus der Mühle würzen. Die Masse pürieren, bis eine Bindung entstanden ist, dann die restliche Sahne in zwei Portionen untermixen. Die Farce sollte glatt und glänzend sein. (Je nach Größe des Mixers in zwei Durchgängen arbeiten.) Dill und Estragon hineinrühren und die Farce gegebenenfalls etwas nachwürzen. In eine Schüssel füllen und bis zum Gebrauch kühl stellen.

3 Inzwischen das Toastbrot quer halbieren, entrinden und in sehr kleine Würfel schneiden. Aus der Farce mit einem nassen Esslöffel Nocken abstechen und in den Brotwürfeln wenden. In einer tiefen Pfanne etwa 1 cm hoch Öl erhitzen und die Fischnockerl darin bei milder Hitze rundum goldbraun braten. Herausnehmen, auf Küchenpapier abtropfen lassen und warm halten.

4 Für den Endivien-Paprika-Salat den Salat putzen, waschen, trocken schleudern und in etwa 1/2 cm breite Streifen schneiden. Die Paprikaschoten längs halbieren, entkernen, waschen, mit dem Sparschäler schälen und in Rauten schneiden. Die Paprikastücke in kochendem Salzwasser 3 Minuten blanchieren. In ein Sieb abgießen, kalt abschrecken und abtropfen lassen. Die Mango schälen, in Rauten schneiden und mit Salatstreifen, Paprika, Dill und Petersilie mischen.

5 Für das Dressing die Brühe mit beiden Senfsorten in einen hohen Rührbecher geben, mit Orangenschale, Chilisalz und 1 Prise Zucker würzen und das Öl mit dem Stabmixer unterrühren. Die Salatzutaten mit dem Dressing marinieren, gegebenenfalls etwas nachwürzen.

6 Den Endivien-Paprika-Salat auf Teller verteilen und die Zandernockerl daraufsetzen. Nach Belieben mit Dillspitzen und Minzeblättern garnieren.

Frühlingssalat mit Hendlbrust und Rhabarber

Zutaten für 4 Personen

Für den Rhabarber:
300 g junger Rhabarber
1 EL Himbeeren (frisch oder tiefgekühlt)
100 g Zucker
2 Scheiben Ingwer
je 2 Streifen Bio-Zitronen- und Bio-Orangenschale
2 Zimtsplitter
1 aufgeschlitzte Vanilleschote
1 Zacken Sternanis

Für das Hendl:
4 EL mildes Olivenöl
2 TL Steak- und Grillgewürz
4 Hähnchenbrustfilets (à ca. 120 g)

Für den Frühlingssalat:
250 g weißer Spargel
250 g grüner Spargel
2 Stangen Staudensellerie
Salz
4 Radieschen
300 g gemischter Blattsalat
1 EL Apfelessig
milde Chiliflocken
1 TL scharfer Senf
3 EL Öl
3 EL Olivenöl
1 EL Zitronensaft
80 ml Gemüsebrühe
1–2 EL gemischte Kräuterblätter (frisch geschnitten; z. B. Dill, Kerbel, Minze, Petersilie)

1 Für den Rhabarber den Backofen auf 180 °C vorheizen. Den Rhabarber putzen und waschen (jungen Rhabarber mit Schale verwenden, späten Rhabarber schälen). Die Rhabarberstangen quer in etwa 1 cm breite Stücke schneiden und in eine ofenfeste Form legen. Die Himbeeren waschen und auf dem Rhabarber verteilen.

2 Den Zucker in einem Topf mit 4 EL Wasser, Ingwer, Zitronen- und Orangenschale, Zimt, Vanilleschote und Sternanis einige Minuten sirupartig einköcheln lassen. Den Sirup mit den Gewürzen über die Rhabarbermischung gießen. Den Rhabarber im Ofen auf der mittleren Schiene zugedeckt etwa 25 Minuten garen, dabei nach 15 Minuten kontrollieren, ob der Rhabarber schon weich ist.

3 Den Rhabarber aus dem Ofen nehmen und etwas abkühlen lassen. Die Flüssigkeit vorsichtig durch ein Sieb in einen Topf gießen, den Rhabarber beiseitestellen. Die Himbeeren durch das Sieb zum Sud in den Topf streichen, die Gewürze entfernen.

4 Für das Hendl die Temperatur auf 100 °C reduzieren. Das Olivenöl mit dem Gewürz verrühren und vier Lagen Backpapier damit einstreichen. Die Hähnchenbrustfilets waschen und trocken tupfen. Jeweils in einer Lage Backpapier einschlagen, auf ein Backblech legen und im Ofen auf der mittleren Schiene etwa 25 Minuten saftig garen.

5 Inzwischen für den Frühlingssalat den weißen Spargel ganz, den grünen Spargel nur im unteren Drittel schälen, waschen und holzige Enden entfernen. Die Stangen längs halbieren und schräg in etwa 4 cm lange Stücke schneiden. Den Sellerie putzen, waschen und schräg in etwa ½ cm breite Scheiben schneiden. Gemüse nacheinander in kochendem Salzwasser gerade weich garen, in ein Sieb abgießen, kalt abschrecken und abtropfen lassen. Radieschen putzen, waschen und in Scheiben schneiden. Den Blattsalat putzen, waschen und trocken schleudern, in mundgerechte Stücke zupfen und mit Spargel, Sellerie, Radieschen sowie Rhabarber in eine Schüssel geben.

6 Für das Dressing 2 bis 3 EL Rhabarbersud mit Essig, Chiliflocken und Senf in einen hohen Rührbecher geben. Beide Ölsorten mit dem Stabmixer unterrühren. Das Dressing mit Zitronensaft und Brühe mischen. Mit den Kräutern unter die Salatzutaten mischen und gegebenenfalls nochmals etwas nachwürzen.

7 Die Hähnchenbrustfilets herausnehmen und schräg in Scheiben schneiden. Den Salat mit Gemüse und Rhabarber auf großen Tellern anrichten. Die Hendlscheiben darauflegen. Das Dressing darüberträufeln. Nach Belieben mit Champignonscheiben und Kerbel garnieren.

Gebackenes Gemüse mit Zitronen-Minze-Joghurt

1 Für den Teig das Kichererbsenmehl mit dem Backpulver und der Kurkuma in eine Schüssel sieben. Schwarzkümmel, Chiliflocken und 1 gehäuften TL Salz hinzufügen. Mit dem Schneebesen nach und nach 400 ml kaltes Wasser hineinrühren, zuletzt das Öl unterrühren.

2 Für den Zitronen-Minze-Joghurt den Joghurt mit Zitronenschale und -saft verrühren, die Minze unterrühren und den Dip mit Chilisalz und 1 Prise Zucker würzen.

3 Die Brokkoliröschen putzen und waschen. Die Karotte putzen, schälen und schräg in 1/2 cm dicke Scheiben schneiden. Den Zucchino putzen, waschen und in 1/2 bis 1 cm dicke Scheiben schneiden. Die Paprikaschote längs halbieren, entkernen, waschen und in 1 cm breite Stücke schneiden. Die Zwiebel schälen und in Spalten schneiden.

4 Den Brokkoli und die Karotte nacheinander in kochendem Salzwasser je 2 bis 3 Minuten blanchieren. In ein Sieb abgießen, kalt abschrecken, abtropfen lassen und trocken tupfen.

5 Reichlich Öl in der Fritteuse oder einem Topf auf 160 °C erhitzen. Es ist heiß genug, wenn sich an einem hineingehaltenen Holzlöffelstiel Blasen bilden. Die Gemüsestücke durch den Kichererbsenteig ziehen und im Öl portionsweise 4 bis 5 Minuten goldbraun backen. Herausnehmen, auf Küchenpapier abtropfen lassen und auf vorgewärmte Teller verteilen. Den Zitronen-Minze-Joghurt dazu reichen.

Zutaten für 4 Personen

Für den Teig:
300 g Kichererbsenmehl
2 TL Backpulver
1 TL gemahlene Kurkuma
1 EL ganzer Schwarzkümmel
1 TL milde Chiliflocken
Salz · 2 EL Öl

Für den Zitronen-Minze-Joghurt:
150 g Naturjoghurt
1 Msp. abgeriebene Bio-Zitronenschale
1 Spritzer Zitronensaft
1 EL Minzeblätter (frisch geschnitten)
mildes Chilisalz
Zucker

Außerdem:
150 g Brokkoliröschen
1 Karotte
1 Zucchino (ca. 300 g)
1 Paprikaschote
1 rote Zwiebel · Salz
Erdnussöl zum Frittieren

Alfons Schuhbeck empfiehlt

Das leicht nussig schmeckende Kichererbsenmehl gibt es im Asialaden und in gut sortierten Supermärkten. Pfannkuchen- oder Pizzateig bekommt eine interessante Geschmackskomponente, wenn man einen Teil des Weizenmehls durch Kichererbsenmehl ersetzt.

Saltimbocca auf Feigensalat

Zutaten für 4 Personen

Für das Saltimbocca:
400 g Kalbsfilet (oder Kalbfleisch aus der Oberschale)
3–4 EL Öl
6 Scheiben Parmaschinken (hauchdünn geschnitten)

Für den Feigensalat:
200 g Babyspinat
1 Chicorée
2 Tomaten
1/3 Salatgurke
4 kleine Frühlingszwiebeln
1/2 TL Puderzucker
100 ml Gemüsebrühe
1 Knoblauchzehe (in Scheiben)
2 Scheiben Ingwer
1 Stück Vanilleschote (ca. 2 cm)
1 TL abgeriebene Bio-Limettenschale
1 EL Limettensaft
Zimtpulver
frisch geriebene Muskatnuss
mildes Chilisalz
2 EL Olivenöl
1 TL Salbeiblätter (frisch geschnitten)
2 Feigen

Außerdem:
einige Kräuterblätter (Basilikum, Dill, Kerbel) und 20 Minzeblätter zum Garnieren

1 Für das Saltimbocca das Kalbsfilet in 12 dünne Scheiben schneiden. Das Öl in einer Pfanne erhitzen und die Schnitzel darin bei mittlerer Hitze auf beiden Seiten jeweils 1 1/2 Minuten anbraten. Die Schinkenscheiben halbieren, in die Pfanne dazugeben und kurz mit anbraten, sie sollen jedoch nicht kross werden. Die Pfanne vom Herd nehmen, den Schinken auf die Schnitzel legen und warm halten.

2 Für den Feigensalat den Spinat verlesen, waschen und trocken schleudern. Den Chicorée putzen, in einzelne Blätter teilen, waschen und trocken schleudern. Die Blätter jeweils schräg in 3 bis 4 Stücke schneiden. Die Tomaten waschen und in Spalten schneiden, dabei die Stielansätze und die Kerne entfernen. Die Gurke schälen, längs halbieren und die Kerne mit einem Löffel entfernen. Die Gurke in Ecken schneiden. Die Frühlingszwiebeln putzen, waschen und 1- bis 2-mal schräg durchschneiden. Die Feigen putzen, waschen, trocken tupfen und in Viertel schneiden.

3 Den Puderzucker in einer Pfanne bei mittlerer Hitze hell karamellisieren, die Gurke und die Frühlingszwiebeln darin andünsten. Mit der Brühe ablöschen und alles kurz ziehen lassen. Knoblauch, Ingwer, Vanilleschote, Limettenschale und -saft hinzufügen. Tomatenspalten und Chicorée dazugeben und alles mit je 1 Prise Zimt und Muskatnuss würzen. Das Gemüse in eine Schüssel geben, den Spinat und die Feigen unterheben und mit Chilisalz, Olivenöl und Salbei mischen.

4 Den Feigensalat auf Teller verteilen und die Schnitzel darauf anrichten. Einige Kräuter darum herumverteilen und die Minzeblätter auf das Saltimbocca legen. Nach Belieben mit Parmesanspänen garnieren.

Alfons Schuhbeck empfiehlt

Anstelle von Parmaschinken können Sie das Saltimbocca auch mit jedem anderen rohen Schinken, z. B. Schwarzwälder Schinken, zubereiten. Zu dem Gemüsesalat passen als Topping auch gebratene Garnelen.

Rindfleischtatar mit gebackenen Steinpilzen

Zutaten für 4 Personen

Für das Rindfleischtatar:
500 g mageres Rindfleisch (aus der Oberschale; am besten leicht angefroren)
3 Sardellenfilets (in Öl)
1 kleine Essiggurke
1–2 TL Kapern
1–2 TL Tomatenketchup
1 ½ TL Dijon-Senf
Zucker · mildes Chilisalz
1 Msp. gemahlene Kurkuma
1 Msp. scharfes geräuchertes Paprikapulver (Piment La Vera picante) · 1 Eigelb
frisch geriebene Muskatnuss
Zimtpulver

Für die Steinpilze:
6 kleine feste Steinpilze
1 Ei · 1 EL Sahne
frisch geriebene Muskatnuss
1 TL geriebener Ingwer
mildes Chilisalz
50 g doppelgriffiges Mehl (Wiener Grießler)
80 g Weißbrotbrösel
2 EL Öl zum Braten

Für die Sauce:
100 g Crème fraîche
je ½ TL abgeriebene Bio-Zitronenschale, geriebener Ingwer und Knoblauch
frisch geriebene Muskatnuss
mildes Chilisalz
etwas Gemüsebrühe (bei Bedarf)

1 Für das Rindfleischtatar das Fleisch erst in dünne Scheiben, dann in kleine Würfel schneiden und in eine Schüssel geben. Die Sardellenfilets trocken tupfen und mit der Essiggurke und den Kapern fein hacken. Alles mit den Fleischwürfeln mischen und mit Ketchup, Senf, 1 kleinen Prise Zucker, Chilisalz, Kurkuma und Paprikapulver würzen. Mit dem Teigschaber das Tatar mit dem Eigelb verrühren, mit Muskatnuss und 1 Prise Zimt würzen und zugedeckt kühl stellen.

2 Für die Steinpilze die Pilze gründlich putzen und, falls nötig, trocken abreiben. Die Pilze je nach Größe halbieren, vierteln oder in dicke Scheiben schneiden. Das Ei in einem tiefen Teller mit der Sahne verquirlen und mit Muskatnuss, Ingwer und Chilisalz würzen. Mehl und Weißbrotbrösel jeweils in einen tiefen Teller geben.

3 Die Steinpilze zuerst im Mehl wenden, dann durch das verquirlte Ei ziehen und zuletzt mit den Weißbrotbröseln panieren. Das Öl in einer großen Pfanne erhitzen und die panierten Steinpilze darin bei mittlerer Hitze rundum goldbraun braten. Herausnehmen und auf Küchenpapier abtropfen lassen.

4 Für die Sauce die Crème fraîche mit Zitronenschale, Ingwer, Knoblauch, Muskatnuss und Chilisalz mischen. Bei Bedarf etwas Brühe dazugeben, damit die Sauce dünner wird.

5 Das Rindfleischtatar kurz vor dem Servieren nochmals nachwürzen und mithilfe einer eckigen Form als kleine Törtchen auf Teller setzen. Die gebackenen Steinpilze danebensetzen und die Zitronen-Crème-fraîche darüberziehen. Nach Belieben mit Kerbelblättern und Dillspitzen garnieren.

Kalte Mandel-Joghurt-Suppe mit Lammrücken

Zutaten für 4 Personen

Für die Mandel-Joghurt-Suppe:
1 EL Mandelblättchen
1 kleine Knoblauchzehe
400 g Naturjoghurt
400 ml kalte Gemüsebrühe
200 g Sahne
Zucker
1 Spritzer Zitronensaft
½ TL abgeriebene Bio-Zitronenschale
mildes Chilisalz
½ TL geriebener Ingwer
1 EL Dillspitzen (frisch geschnitten)
1 EL Minzeblätter (frisch geschnitten)
6–8 Radieschen
Zimtpulver

Für die Bruschetta:
1 EL braune Butter (siehe Tipp S. 10)
4 Scheiben Baguette (ca. ½ cm dick; schräg geschnitten)
1 Tomate
1 EL Zwiebel (in feinen Würfeln)
Zucker · Zimtpulver
1 TL Kapern
1–2 TL Basilikumblätter (frisch geschnitten)
1 Msp. geriebener Knoblauch
1 EL Frühlingszwiebel (in Ringen)
1 Spritzer Zitronensaft
1–2 EL Olivenöl
½ Knoblauchzehe

Außerdem:
150 g Lammrücken
1 TL Öl zum Braten
1 TL Lammgewürz
mildes Chilisalz
2 EL Kartoffelchips mit Paprikageschmack (Fertigprodukt)

1 Für die Mandel-Joghurt-Suppe die Mandelblättchen in einer Pfanne ohne Fett anrösten, herausnehmen und abkühlen lassen. Den Knoblauch schälen und fein reiben. Den Joghurt in einer Schüssel mit der Brühe und der Sahne verrühren und mit 1 Prise Zucker, Zitronensaft und -schale, 1 Prise Chilisalz, Knoblauch und Ingwer würzen. Den Dill und die Minze unterrühren.

2 Die Radieschen putzen, waschen, in feine Streifen schneiden oder hobeln und mit 1 Prise Zimt in die Suppe rühren. Die Suppe in den Kühlschrank stellen.

3 Für die Bruschetta die braune Butter in einer Pfanne erhitzen und die Baguettescheiben darin auf beiden Seiten knusprig braten. Die Tomate kreuzweise einritzen, überbrühen, kalt abschrecken, häuten, vierteln und entkernen. Das Fruchtfleisch in Würfel schneiden. Die Tomaten- und Zwiebelwürfel mit je 1 Prise Zucker und Zimt, Kapern, Basilikum, geriebenem Knoblauch, Frühlingszwiebel, Zitronensaft und Olivenöl verrühren und etwas ziehen lassen. Die gebratenen Brotscheiben mit der geschälten Knoblauchzehe auf einer Seite einreiben.

4 Den Lammrücken in 1 ½ bis 2 cm große Würfel schneiden. Das Öl in einer Pfanne erhitzen und die Lammwürfel darin rundum etwa 4 Minuten braten, dann mit Lammgewürz und Chilisalz würzen. Die Kartoffelchips grob zerstoßen, dazubröseln und die Fleischwürfel darin wenden.

5 Die Joghurtsuppe in Suppenschalen verteilen und die Mandelblättchen darüberstreuen. Die Schalen auf Teller setzen. Die Brotscheiben auf der Knoblauchseite mit dem Tomatentopping belegen und auf den Tellern anrichten. Die Suppe nach Belieben mit Dillspitzen und Radieschenscheiben bestreuen. Die Lammwürfel nach Belieben mit frisch geschnittenem Basilikum mischen und in die Suppe oder daneben auf den Teller geben.

Weisse Bohnensuppe mit Dattel-Lamm-Spiess

1 Am Vortag für die Bohnensuppe die Bohnen über Nacht in reichlich Wasser einweichen. Am nächsten Tag die Bohnen abgießen und in reichlich Wasser etwa 2 Stunden weich garen. In ein Sieb abgießen, kalt abbrausen und abtropfen lassen.

2 Die Zwiebel schälen und in feine Würfel schneiden. Die braune Butter in einem Topf erhitzen, die Zwiebelwürfel und 1 Speckscheibe darin andünsten. Mit der Brühe ablöschen und Ingwer, Knoblauch, Lorbeerblatt sowie Vanilleschote dazugeben. Alles etwa 5 Minuten köcheln lassen, dann den Speck, das Lorbeerblatt und die Vanilleschote wieder entfernen. Ein Viertel der Bohnen in die Brühe geben, die Sahne hinzufügen und alles mit dem Stabmixer fein pürieren. Die Suppe mit Chilisalz und Zatar würzen und warm halten.

3 Für die Dattel-Lamm-Spieße den Lammrücken in 8 Würfel (2 bis 3 cm groß) schneiden. Das Öl in einer Pfanne erhitzen und die Fleischwürfel darin bei mittlerer Hitze rundum 4 Minuten braten. Zum Schluss mit Lammgewürz bestreuen und die braune Butter dazugeben. Die Tomaten waschen. Nacheinander je 1 Lammwürfel, 1 rote Tomate, 1 Dattel, 1 gelbe Tomate, 1 Lammwürfel und 1 Dattel auf einen Spieß stecken. Auf diese Weise 4 Spieße vorbereiten.

4 Die restlichen Speckscheiben in einer Pfanne ohne Fett kross braten. Die kalte Butter zur Suppe geben und mit dem Stabmixer schaumig aufschlagen. Die übrigen Bohnen unter die Suppe mischen. Die Bohnensuppe auf vorgewärmte Suppenschalen verteilen und jeweils 1 Dattel-Lamm-Spieß und 1 Speckscheibe daraufsetzen.

Zutaten für 4 Personen

Für die Bohnensuppe:
350 g getrocknete große weiße Bohnen (ersatzweise 700 g aus der Dose)
½ kleine Zwiebel
1 TL braune Butter (siehe Tipp S. 10)
5 Scheiben Frühstücksspeck
1 l Hühnerbrühe
je 1 TL geriebener Ingwer und Knoblauch
1 kleines Lorbeerblatt
1 Stück Vanilleschote (ca. 2 cm)
100 g Sahne
mildes Chilisalz
1 TL Zatar (aus dem Gewürzladen; ersatzweise siehe Tipp unten)
40 g kalte Butter

Für die Dattel-Lamm-Spieße:
150 g Lammrücken
1 TL Öl
1 TL Lammgewürz
1 EL braune Butter
je 4 rote und gelbe Datteltomaten
8 getrocknete Datteln (entsteint)

Alfons Schuhbeck empfiehlt

Zatar ist eine Gewürz-Kräuter-Mischung, die in den Gassen von Damaskus, Beirut und Jerusalem allgegenwärtig ist. Für 1 gehäuften EL Zatar mischen Sie 1 TL geröstete Sesamsamen, je ½ TL getrockneten Thymian, Oregano, Majoran und Bohnenkraut sowie je 1 Prise gemahlenen Koriander, Knoblauchpulver und Chiliflocken. Zatar schmeckt z. B. in Tomatengerichten, Suppen und Aufläufen. Mit etwas Olivenöl und Salz verrührt, eignet es sich wunderbar zum Beträufeln von gebratenem Fleisch, Geflügel, Fisch und Gemüse.

Gulaschsuppe mit Zitronenrahm

Zutaten für 6–8 Personen

Für die Suppe:
700 g Rindfleisch
(aus der Wade oder Schulter)
400 g Zwiebeln · 1–2 EL Öl
1 EL Tomatenmark
3/4 l Hühnerbrühe
je 1/2 gelbe und rote Paprikaschote
1/2 Zucchino
400 g mehligkochende Kartoffeln
1 rote Chilischote
Salz · 1 Lorbeerblatt
Pfeffer aus der Mühle
2 EL Petersilienblätter (frisch geschnitten)

Für das Gulaschgewürz:
2 Knoblauchzehen
2 Streifen Bio-Zitronenschale
1/2 TL ganzer Kümmel
1/2 TL getrockneter Majoran
1 TL Paprikapulver (edelsüß)
2 TL geräuchertes Paprikapulver
(Piment La Vera picante)
1–2 EL Hühnerbrühe

Für den Zitronenrahm:
100 g Rahmjoghurt (10 % Fett)
1 TL abgeriebene Bio-Zitronenschale
1 Spritzer Zitronensaft
mildes Chilisalz · Zucker

1 Für die Suppe das Rindfleisch von Fett und groben Sehnen befreien und in 1 cm große Würfel schneiden. Die Zwiebeln schälen und in feine Würfel schneiden. In einem großen, flachen Topf das Öl erhitzen, die Fleischstücke darin bei mittlerer Hitze rundum gut anbraten und aus dem Topf nehmen. Die Zwiebelwürfel im Bratsatz glasig dünsten, das Tomatenmark unterrühren und einige Minuten anrösten. Das Fleisch wieder hinzufügen und die Brühe dazugießen. Bei milder Hitze zugedeckt knapp unter dem Siedepunkt etwa 2 1/2 Stunden ziehen lassen.

2 Inzwischen die Paprikaschoten entkernen und waschen, den Zucchino putzen und waschen. Beides in 1/2 bis 1 cm große Würfel schneiden. Die Kartoffeln schälen, waschen und in 1 cm große Würfel schneiden. Die Chilischote längs halbieren, entkernen, waschen und in feine Würfel schneiden.

3 Nach 2 Stunden Garzeit die Paprika-, Zucchino-, Kartoffel- und Chiliwürfel in die Suppe geben. Mit Salz würzen, das Lorbeerblatt dazugeben und weitere 30 Minuten garen.

4 Für das Gulaschgewürz den Knoblauch schälen, in Scheiben schneiden und mit Zitronenschale, Kümmel und Majoran fein hacken. Beide Paprikapulversorten mit etwas kalter Brühe (oder kaltem Wasser) glatt rühren. Die Gulaschsuppe mit etwas Gewürzmischung und dem angerührten Paprikapulver würzen und weitere 5 Minuten ziehen lassen. Das Lorbeerblatt entfernen. Die Gulaschsuppe mit Salz und Pfeffer abschmecken.

5 Für den Zitronenrahm den Joghurt mit Zitronenschale und -saft, Chilisalz und 1 Prise Zucker verrühren. Die Gulaschsuppe in vorgewärmten Suppentassen anrichten, mit Zitronenrahm beträufeln und mit der Petersilie bestreuen.

Alfons Schuhbeck empfiehlt

Am besten fügen Sie nicht gleich das ganze Gulaschgewürz hinzu, sondern würzen später lieber noch nach. Bleibt etwas davon übrig, können Sie das Gewürz mit ein wenig Butter mischen, in Frischhaltefolie gewickelt im Kühlschrank oder Tiefkühlfach mehrere Tage aufbewahren und für das nächste Gulasch, Grillfleisch oder Kurzgebratenes verwenden.

Rote-Bete-Ravioli mit Mohnbutter

Zutaten für 4 Personen

Für den Nudelteig:
140 g Mehl
60 g Hartweizengrieß
1 Ei
1 Eigelb
2 EL Öl
1 Prise Salz
Mehl zum Verarbeiten
Grieß für das Tablett

Für die Füllung:
400 g Rote Beten · Salz
½ TL ganzer Kümmel
¼ Apfel
½ Zwiebel
1 EL braune Butter (siehe Tipp S. 10)
getrockneter Majoran
gemahlener Kümmel
½ TL abgeriebene Bio-Zitronenschale
mildes Chilisalz

Außerdem:
2 Stangen Staudensellerie · Salz
1 EL Mohn
getrocknete Lavendelblüten
4 EL braune Butter
1 Birne
1 TL Puderzucker
3 EL Birnensaft
1 EL kalte Butter
1 Stück Vanilleschote (ca. 2 cm)
2 Scheiben Ingwer
1 Zimtsplitter
1 EL gehackte Pistazienkerne

1 Für den Teig alle Zutaten in der Küchenmaschine oder mit den Händen zu einem glatten, elastischen Teig verkneten. Den Teig in Frischhaltefolie wickeln und im Kühlschrank mindestens 30 Minuten ruhen lassen.

2 Inzwischen für die Füllung die Roten Beten waschen und die Blätter vorsichtig abschneiden, ohne die Knollen zu verletzen. Die Roten Beten in kochendem Salzwasser mit dem Kümmel 1 bis 1 ½ Stunden weich garen. In ein Sieb abgießen, kalt abschrecken und abtropfen lassen. Die Knollen etwas abkühlen lassen, schälen (dabei am besten Einweghandschuhe tragen) und in sehr kleine Würfel schneiden. Das Apfelstück schälen, entkernen und ebenfalls in sehr kleine Würfel schneiden. Die Zwiebel schälen und in feine Würfel schneiden.

3 Die braune Butter in einer Pfanne erhitzen und die Zwiebel darin andünsten. Die Apfelwürfel dazugeben und kurz mitdünsten. Die Rote-Bete-Würfel hinzufügen und alles mit Majoran, 1 Prise Kümmel, Zitronenschale und Chilisalz würzen. Den Sellerie putzen, waschen und schräg in längliche Stücke schneiden. In kochendem Salzwasser kurz blanchieren, in ein Sieb abgießen und abtropfen lassen.

4 Den Teig in 4 Portionen teilen und jeweils mit der Nudelmaschine oder dem Nudelholz zu einer dünnen, langen Teigplatte ausrollen, dabei mit etwas Mehl bestäuben. Jeweils auf eine Seite der Teigplatten längs 5 kleine Häufchen Füllung setzen, die andere Teigseite darüberklappen und rund um die Füllung andrücken. Mit einem runden Ausstecher (5 bis 6 cm Durchmesser) Ravioli ausstechen, dabei die Ränder mit einer Gabel andrücken und ohne Luftblasen verschließen. Bis zum Kochen auf ein mit Grieß bestreutes Tablett legen.

5 Die Ravioli in reichlich siedendem Salzwasser 2 bis 3 Minuten ziehen lassen, in ein Sieb abgießen und abtropfen lassen. Den Mohn in einer Pfanne ohne Fett anrösten, bis er zu duften beginnt. Dann 1 Prise Lavendelblüten hinzufügen, die braune Butter dazugeben und zerlassen. Die Ravioli darin schwenken und den Sellerie hinzufügen.

6 Die Birne waschen, vierteln, entkernen und in Spalten schneiden. Den Puderzucker in einer Pfanne bei mittlerer Hitze hell karamellisieren und die Birnenspalten hineinlegen. Mit Birnensaft ablöschen und Butter, Vanilleschote, Ingwer und Zimt dazugeben. Die Rote-Bete-Ravioli mit dem Sellerie auf vorgewärmten Tellern anrichten und die Birnen daraufsetzen. Mit den Pistazien bestreuen.

Kokos-Chili-Omelett mit grünem Spargel

1 Für die Füllung die Champignons putzen, falls nötig, mit Küchenpapier trocken abreiben und vierteln. Die Tomaten waschen und halbieren. Die Frühlingszwiebeln putzen, waschen und schräg in Ringe schneiden. Den Knoblauch schälen und in Scheiben schneiden. Den Koriander waschen, trocken tupfen und mit den Stielen klein schneiden. Den Spargel waschen und nur im unteren Drittel schälen, holzige Enden entfernen. Die Spargelstangen schräg in ½ cm dicke Scheiben schneiden.

2 Die Brühe mit dem Spargel, dem Knoblauch und dem Ingwer in einer Pfanne erhitzen und bei mittlerer Hitze 3 bis 4 Minuten dünsten, bis die Flüssigkeit verkocht ist. Die Pilze, die Tomaten und die Frühlingszwiebeln hinzufügen und kurz erhitzen. Mit der Sojasauce, dem Öl und Chilisalz würzen. Den Ingwer wieder entfernen.

3 Die Currypaste in einer Schüssel mit der Kokosmilch glatt rühren und mit den Eiern verquirlen. Mit Salz und Muskatnuss würzen. Eine Pfanne bei milder Temperatur erhitzen und den Pfannenboden mit 1 TL Butter einfetten. Die Hälfte der Kokos-Eier-Mischung hineingießen und darin mit geschlossenem Deckel bei milder Hitze 6 bis 7 Minuten stocken lassen. Inzwischen die Kokosraspel in einer kleinen Pfanne ohne Fett anrösten.

4 Die Hälfte der Gemüsemischung auf das Omelett geben und dieses vorsichtig auf einen vorgewärmten Teller gleiten lassen, dabei zusammenklappen. Mit der Hälfte des Korianders und der Hälfte der Kokosraspel bestreuen. Aus den übrigen Zutaten auf die gleiche Weise ein weiteres Kokos-Chili-Omelett zubereiten.

Zutaten für 2 Personen

Für die Füllung:
50 g Champignons
80 g kleine Datteltomaten
2 dünne Frühlingszwiebeln
1 kleine Knoblauchzehe
3 Stiele Koriander
3 Stangen grüner Spargel
60 ml Gemüsebrühe
2 Scheiben Ingwer
1 TL helle Sojasauce
½ TL geröstetes Sesamöl
mildes Chilisalz

Außerdem:
2 TL rote Currypaste (siehe Tipp S. 12)
100 ml Kokosmilch
6 Eier · Salz
frisch geriebene Muskatnuss
2 TL Butter
2 TL Kokosraspel

Alfons Schuhbeck empfiehlt

Achten Sie beim Garen des Omeletts auf eine milde Hitzezufuhr bei geschlossenem Deckel – so zieht das Omelett von oben schneller durch und wird von unten nicht zu dunkel. Die Kokosmilch gibt dem Omelett eine feine fruchtige Kokosnote, man kann sie aber nach Belieben durch die gleiche Menge Sahne ersetzen.

Kartoffel-Gemüse-Curry mit gebratener Dorade

Zutaten für 4 Personen

Für das Kartoffel-Gemüse-Curry:
500 g festkochende Kartoffeln · Salz
je 1–2 orangefarbene und gelbe Karotten
2 Petersilienwurzeln
250 g grüner Spargel
½ l Gemüsebrühe
1 Kaffir-Limettenblatt
1 Stängel Zitronengras
200 ml Kokosmilch
1–2 EL mildes Currypulver
Zucker
mildes Chilisalz

Für die Dorade:
4 Doradenfilets (à ca. 100 g; z.B. Dorade rosé, mit Haut)
1 TL Öl
4 Scheiben Ingwer

1 Für das Kartoffel-Gemüse-Curry die Kartoffeln schälen, waschen und in Scheiben schneiden. In Salzwasser etwa 10 Minuten weich garen, in ein Sieb abgießen und abtropfen lassen.

2 Inzwischen die Karotten und die Petersilienwurzeln putzen, schälen und schräg in dünne Scheiben schneiden. Den Spargel waschen und im unteren Drittel schälen, die holzigen Enden abschneiden. Den Spargel ebenfalls schräg in dünne Scheiben schneiden, die Spargelköpfe dabei ganz lassen. Das Gemüse in einem Topf mit der Brühe aufkochen lassen, dabei mit einem passend rund geschnittenen Backpapier zudecken, und 10 Minuten dämpfen.

3 Für die Dorade die Fischfilets waschen und trocken tupfen. Das Öl in einer beschichteten Pfanne erhitzen und die Filets darin auf der Hautseite 3 bis 4 Minuten anbraten, dabei unter die dünne Seite je 1 Ingwerscheibe legen. Die Filets wenden, die Pfanne vom Herd nehmen und den Fisch in der Resthitze gar ziehen lassen.

4 Für die Sauce das Kaffir-Limettenblatt mehrmals einreißen. Vom Zitronengras die welken Außenblätter und die obere, trockene Hälfte entfernen, die untere Hälfte längs halbieren. Das Gemüse in ein Sieb abgießen, dabei den Sud auffangen. Den Sud mit der Kokosmilch in einen Topf geben, das Kaffir-Limettenblatt und das Zitronengras hinzufügen. Das Currypulver mit wenig Wasser glatt rühren und dazugeben. Alles mit 1 Prise Zucker und Chilisalz würzen und 5 bis 10 Minuten knapp unter dem Siedepunkt ziehen lassen. Limettenblatt und Zitronengras wieder entfernen.

5 Das Gemüse und die Kartoffelscheiben in der Currysauce erhitzen. Das Kartoffel-Gemüse-Curry auf vorgewärmten Tellern anrichten, die Doradenfilets danebensetzen und nach Belieben mit Korianderblättern und Chilischote garnieren.

Alfons Schuhbeck empfiehlt

Nach Belieben können Sie 1 Handvoll gegarte Kartoffelwürfel mit dem Stabmixer unter die Kokosbrühe rühren, dann wird das Curry noch sämiger.
Die Dorade rosé verdankt ihren Namen ihrer rosa schimmernden Haut. Der grätenarme Fisch mit festem Fleisch eignet sich nicht nur zum Braten, sondern auch hervorragend zum Grillen oder zum Backen in der Salzkruste.

Mediterrane Tarte mit Meeresfrüchten

Zutaten für 4 Personen

Für die Tarte:
80 g flüssige braune Butter (siehe Tipp S. 10)
4 Strudelteigblätter (ca. 30 x 30 cm; aus dem Kühlregal)
1 rote Paprikaschote · ½ Zucchino
1 Zwiebel · 70 ml Gemüsebrühe
getrockneter Oregano
mildes Chilisalz
100 g Artischockenböden (aus der Dose) · 2 Eigelb · 300 g Sahne
je 1 Msp. abgeriebene Bio-Orangen- und Bio-Zitronenschale

Für den Gurkendip:
⅓ Salatgurke
200 g Rahmjoghurt (10 % Fett)
1 EL gemischte Kräuterblätter (frisch geschnitten; z. B. Dill, Estragon, Kerbel, Petersilie, Minze)
2 geriebene Knoblauchzehen
1 TL geriebener Ingwer
mildes Olivenöl
½ TL abgeriebene Bio-Zitronenschale

Für die Meeresfrüchte:
12 Riesengarnelen (ohne Kopf, bis auf den Schwanzfächer geschält)
12 Jakobsmuscheln (ausgelöst, ohne Corail) · 1 EL Öl · ½ Vanilleschote
2 Scheiben Ingwer
3 angedrückte Kardamomkapseln
½ Knoblauchzehe
4 EL braune Butter
3 Zimtsplitter · mildes Chilisalz
1 kleine rote Chilischote

Außerdem:
einige Frisée-Salatblätter und Kräuterblätter (z. B. Dill, Kerbel, rote und grüne Shiso-Kresse)
mildes Olivenöl · Zitronensaft

1 Für die Tarte eine Tarteform (28 cm Durchmesser, oder 4 Tartelettformen à etwa 12 cm Durchmesser) mit etwas brauner Butter einfetten. Die Strudelteigblätter nacheinander in die Form legen, dabei jeweils mit brauner Butter einstreichen und über den Rand stehende Teigenden abschneiden.

2 Für den Belag die Paprikaschote längs halbieren, entkernen und waschen. Mit dem Sparschäler schälen und in kleine Würfel schneiden. Den Zucchino putzen, waschen und in kleine Würfel schneiden. Die Zwiebel schälen und in feine Würfel schneiden. Die Gemüsewürfel in einem Topf in der Brühe 5 Minuten dünsten und mit 1 Prise Oregano und Chilisalz würzen. Das Gemüse in ein Sieb abgießen und abtropfen lassen. Die Artischockenböden in kleine Würfel schneiden und untermischen, alles in die Tarteform geben.

3 Den Backofen auf 170 °C vorheizen. Für den Guss die Eigelbe und die Sahne in einen hohen Rührbecher geben, mit 1 Prise Chilisalz und der Orangen- und Zitronenschale mit dem Stabmixer schaumig aufschlagen. Den Guss über das Gemüse geben und die Tarte im Ofen auf der mittleren Schiene etwa 30 Minuten backen.

4 Inzwischen für den Gurkendip die Gurke schälen und in kleine Würfel schneiden. Den Joghurt mit den Gurkenwürfeln mischen und mit Kräutern, Knoblauch, Ingwer, 1 Spritzer Olivenöl und Zitronenschale würzen.

5 Für die Meeresfrüchte die Garnelen und die Jakobsmuscheln waschen und trocken tupfen. Die Garnelen im »Schmetterlingsschnitt« einschneiden. Das Öl in einer Pfanne erhitzen und die Garnelen darin 2 Minuten anbraten. Die Jakobsmuscheln dazugeben und weitere 2 Minuten braten. Die Pfanne vom Herd nehmen, Vanilleschote, Ingwer, Kardamom, Knoblauch, braune Butter, Zimt und Chilisalz sowie die angeschnittene Chilischote hinzufügen.

6 Die Tarte aus dem Ofen nehmen, kurz abkühlen lassen, aus der Form lösen und in Stücke schneiden. Salat- und Kräuterblätter putzen, waschen und trocken schleudern. Die Tartestücke auf vorgewärmten Tellern anrichten, jeweils einige Salatblätter und Kräuter danebensetzen und mit Olivenöl und Zitronensaft beträufeln. Die Meeresfrüchte dazulegen und nach Belieben mit Kardamom, Minze, Zimt, Chili und Vanilleschote garnieren. Zuletzt den Gurkendip darüberträufeln oder dazu servieren.

Offener Gemüsestrudel mit Tomatenvinaigrette

Zutaten für 4 Personen

Für den Gemüsestrudel:
150 g Hähnchenbrustfilet
mildes Chilisalz
150 g Sahne
½ TL Dijon-Senf
½ TL Zatar (aus dem Gewürzladen; ersatzweise siehe Tipp S. 23)
40 g flüssige braune Butter zum Bestreichen (siehe Tipp S. 10)
8 Strudelteigblätter (à ca. 14 x 14 cm; aus dem Kühlregal)

Für das Gemüse:
je 1 Stange weißer und grüner Spargel
4 Baby-Karotten
1 Stange Staudensellerie
2 Frühlingszwiebeln
60 ml Gemüsebrühe
3 Scheiben Ingwer
1 Knoblauchzehe (in Scheiben)
je 1 Streifen Bio-Orangen- und Bio-Zitronenschale
1 Stück Vanilleschote (ca. 2 cm)
3–4 EL mildes Olivenöl
etwas Zitronensaft
ca. 100 g Cocktailtomaten (aus der Dose; ersatzweise andere Tomaten)
mildes Chilisalz · Zucker
1 Stück Zimtrinde

1 Für den Gemüsestrudel das Hähnchenbrustfilet waschen, trocken tupfen und in kleine Würfel schneiden. Das Fleisch mit Chilisalz würzen und mit der Sahne etwa 5 Minuten in das Tiefkühlfach stellen. Dann das Hähnchenfleisch mit dem Senf und einem Drittel der Sahne im Blitzhacker zerkleinern. Mit Zatar würzen und die restliche Sahne nach und nach untermixen, bis eine glatte, glänzende Farce entstanden ist. Bis zur Verwendung kühl stellen.

2 Den Backofen auf 180 °C vorheizen. Vier Backringe (etwa 6 cm Durchmesser) mit brauner Butter einfetten. Ein Strudelteigblatt auf die Arbeitsfläche legen und mit brauner Butter einstreichen. Um 45° gedreht ein zweites Teigblatt daraufsetzen und ebenfalls mit brauner Butter einstreichen. Die so vorbereiteten Strudelteigblätter in die Ringe legen, die Enden dabei überhängen lassen. Die Farce darin verteilen, die Oberfläche mit einem nassen Teelöffel glatt streichen. Die Strudelpäckchen im Ofen auf der mittleren Schiene etwa 15 Minuten backen, dann etwas abkühlen lassen und aus den Förmchen lösen.

3 Für das Gemüse den weißen Spargel ganz, den grünen Spargel nur im unteren Drittel schälen und holzige Enden entfernen. Die Stangen längs halbieren und schräg in etwa 3 cm lange Stücke schneiden. Die Karotten putzen, schälen und in längliche Stücke schneiden. Den Sellerie putzen, waschen und schräg in Scheiben schneiden. Die Frühlingszwiebeln putzen, waschen und schräg in 3 bis 4 cm lange Stücke schneiden.

4 Das Gemüse in einem Topf mit Brühe, Ingwer, Knoblauch, Orangen- und Zitronenschale sowie Vanilleschote mit geschlossenem Deckel etwa 8 Minuten dünsten. Das Gemüse in ein Sieb abgießen, dabei den Sud auffangen.

5 Das Gemüse in eine Schale geben und mit 1 EL Olivenöl und 1 TL Zitronensaft mischen. Den Sud mit den Tomaten in einen hohen Rührbecher geben, mit dem restlichen Olivenöl, 1 Spritzer Zitronensaft, Chilisalz und 1 Prise Zucker würzen, 1 Prise Zimt darüberreiben und mit dem Stabmixer zu einer Sauce pürieren.

6 Die Strudeltörtchen auf vorgewärmten Tellern anrichten und die lauwarme Tomatenvinaigrette darum herumträufeln. In die Mitte der Strudel das marinierte Gemüse setzen. Nach Belieben mit Staudenselleriebättchen garnieren. (Rezeptfoto siehe S. 8/9.)

Gefüllte Majoran-Crêpe

Zutaten für 4 Personen

Für die Rotwurstgraupen:
1 Knoblauchzehe
4 EL Perlgraupen · Salz
2 Scheiben Ingwer
1 Lorbeerblatt
200 g Rotwurst
80 g gekochter Schinken (am Stück)
4 EL Hühnerbrühe
1–2 TL Petersilienblätter (frisch geschnitten)
mildes Chilisalz
½ TL abgeriebene Bio-Zitronenschale

Für die Majoran-Crêpe:
⅛ l Milch
50 g Mehl
2 Eier
2 EL flüssige braune Butter und
2 EL braune Butter zum Backen (siehe Tipp S. 10)
½ TL getrockneter Majoran
½ TL abgeriebene Bio-Zitronen- und Bio-Orangenschale
mildes Chilisalz
frisch geriebene Muskatnuss

Für die Apfelspalten:
1 rotbackiger Apfel
1–2 TL Puderzucker
50 ml Apfelsaft
1 EL Butter
1 kleine rote Chilischote

Für die Sauce:
100 g Crème fraîche
Zucker · mildes Chilisalz
je ½ TL abgeriebene Bio-Zitronen- und Bio-Orangenschale

1 Für die Rotwurstgraupen den Knoblauch schälen und halbieren. Die Graupen mit reichlich Salzwasser aufkochen lassen. Knoblauch, Ingwer und Lorbeerblatt dazugeben und die Graupen 30 bis 40 Minuten weich garen. Anschließend in ein Sieb abgießen, kalt abbrausen und gut abtropfen lassen. Die Gewürze entfernen.

2 Für die Majoran-Crêpe die Milch nach und nach in das Mehl rühren, bis ein glatter Teig entstanden ist. Die Eier verrühren, zum Teig geben und unterrühren. Die flüssige braune Butter hinzufügen, den Teig mit Majoran, Zitronen- und Orangenschale, Chilisalz und Muskatnuss würzen und 15 Minuten ruhen lassen. Etwas braune Butter in einer kleinen Pfanne (etwa 20 cm Durchmesser) erhitzen. Aus dem Teig bei mittlerer Hitze nacheinander 4 dünne Crêpes backen und warm halten.

3 Für die Apfelspalten den Apfel waschen, vierteln, entkernen und in Spalten schneiden. Den Puderzucker in der Pfanne bei mittlerer Hitze hell karamellisieren. Die Apfelspalten darin auf beiden Seiten andünsten und mit dem Apfelsaft ablöschen. Herausnehmen und beiseitestellen. Die Butter in der Pfanne bei milder Hitze zerlassen und die Chilischote hinzufügen.

4 Die Rotwurst und den Kochschinken in sehr kleine Würfel schneiden. Graupen, Rotwurst und Schinken in einer zweiten Pfanne mit der Brühe erhitzen. Die Petersilie, 1 Prise Chilisalz und die Zitronenschale unterrühren.

5 Für die Sauce die Crème fraîche mit je 1 Prise Zucker und Chilisalz sowie der Zitronen- und Orangenschale glatt rühren und die Crêpes damit bestreichen. Dann die Crêpes mit der Rotwurst-Graupen-Masse füllen und jeweils zu einem Dreieck falten. Auf vorgewärmten Tellern anrichten und die gebratenen Apfelspalten danebenlegen. Mit der Chilibutter beträufeln. Nach Belieben mit einem kleinen Salat und Kräutern (z.B. Dill und Minze) garnieren.

Toast Hawaii mit Garnelen

Zutaten für 4 Personen

Für den Toast:
2 Scheiben Tramezzini-Brot
12 hauchdünne Scheiben Spanferkelschinken
12–16 Scheiben Bergkäse
4 Scheiben reife Ananas (je ½ – 1 cm dick)

Für das Ananasdressing:
1 Scheibe reife Ananas (ca. ½ cm dick) · 1 kleine rote Chilischote
⅛ l Ananassaft
½ TL Speisestärke
3 Kardamomkapseln
3 Scheiben Ingwer
2 Zimtsplitter
je 1 Streifen Bio-Orangen- und Bio-Limettenschale
1 Stück Vanilleschote (ca. 2 cm)
1 TL Balsamico bianco
3–4 EL mildes Olivenöl
1 TL Basilikumblätter (frisch geschnitten)

Außerdem:
8 Garnelen (ohne Kopf, bis auf den Schwanzfächer geschält)
1 EL braune Butter (siehe Tipp S. 10)
1 Knoblauchzehe (in Scheiben)
3 Scheiben Ingwer
3 angedrückte Kardamomkapseln
1 Stück Vanilleschote (ca. 2 cm)
2 Zimtsplitter
8 Kirschen (mit Stiel)
Basilikumblätter zum Garnieren

1 Für den Toast den Backofen auf 150 °C vorheizen. Die Tramezzini-Scheiben jeweils halbieren und in einer Grillpfanne auf beiden Seiten bräunen. Anschließend jeden Toast mit 3 Scheiben Spanferkelschinken und 3 bis 4 Scheiben Bergkäse belegen und im Ofen 6 bis 7 Minuten überbacken. Inzwischen die Ananasscheiben schälen, den Strunk entfernen und die Ananas ebenfalls in der Grillpfanne 2 bis 3 Minuten grillen, dabei einmal wenden.

2 Für das Ananasdressing die Ananasscheibe schälen, den Strunk entfernen und die Ananas in kleine Würfel schneiden. Die Chilischote längs halbieren, entkernen, waschen und in feine Würfel schneiden. Den Ananassaft in einem Topf etwa auf die Hälfte einköcheln lassen.

3 Die Speisestärke mit wenig kaltem Wasser glatt rühren und hineinrühren, bis der Saft sämig bindet. Kardamom, Ingwer, Zimt, Orangen- und Limettenschale sowie Vanilleschote hinzufügen und 5 Minuten ziehen lassen. Den Sud durch ein Sieb in einen hohen Rührbecher gießen. Essig, Olivenöl und Basilikum dazugeben und alles mit dem Stabmixer durchrühren. Mit Salz würzen und die Ananas- und Chiliwürfel unterrühren.

4 Die Garnelen waschen und trocken tupfen. Die braune Butter in einer Pfanne erhitzen und die Garnelen darin auf beiden Seiten anbraten. Mit Knoblauch, Ingwer, Kardamom, Vanilleschote und Zimt würzen.

5 Die Kirschen waschen und trocken tupfen. Die überbackenen Toasts auf vorgewärmten Tellern anrichten und die gegrillten Ananasscheiben daraufsetzen. Jeweils 2 Kirschen darauf- und 2 Garnelen danebenlegen. Zuletzt die Toasts mit dem Ananasdressing beträufeln und mit Basilikumblättern garnieren.

Kartoffel-Schwammerl-Gröstl mit gebratenem Zander

Zutaten für 4 Personen

Für das Kartoffel-Schwammerl-Gröstl:
500 g große festkochende Kartoffeln · Salz
150 g Austernpilze · 1 TL Öl
1 Knoblauchzehe
2 Scheiben Ingwer
mildes Chilisalz
gemahlener Kümmel
gemahlener Koriander
gemahlene Kurkuma
Pfeffer aus der Mühle
½ TL abgeriebene Bio-Zitronenschale
frisch geriebene Muskatnuss
1–2 TL Petersilienblätter (frisch geschnitten)
1 EL kalte Butter

Für den Schnittlauchdip:
150 g Rahmjoghurt (10 % Fett)
2 EL Gemüsebrühe
1 TL scharfer Senf
1 Spritzer Zitronensaft
1 EL Olivenöl
1 EL Schnittlauchröllchen
mildes Chilisalz · Zucker

Für den Zander:
400 g Zanderfilet (mit Haut)
4 EL doppelgriffiges Mehl (Wiener Grießler)
1 EL Öl · mildes Chilisalz

1 Für das Kartoffel-Schwammerl-Gröstl die Kartoffeln mit der Schale gründlich waschen und in Salzwasser weich garen. Die Kartoffeln abgießen, ausdampfen lassen und möglichst heiß pellen. Die Kartoffeln abkühlen lassen und in 1 bis 1 ½ cm große Würfel schneiden. Die Austernpilze putzen, falls nötig, trocken abreiben und in 1 bis 1 ½ cm große Stücke schneiden.

2 Für den Schnittlauchdip den Joghurt mit der Brühe, dem Senf, dem Zitronensaft, dem Olivenöl und den Schnittlauchröllchen verrühren und mit Chilisalz und 1 kleinen Prise Zucker würzen.

3 Das Öl in einer Pfanne erhitzen und die Kartoffelwürfel darin bei mittlerer Hitze rundum hell anbraten. Den Knoblauch schälen und in Scheiben schneiden. Mit den Pilzen und dem Ingwer zu den Kartoffeln geben und einige Minuten mit anbraten. Mit Chilisalz, je 1 Prise Kümmel, Koriander und Kurkuma, Pfeffer, Zitronenschale und Muskatnuss würzen. Die Petersilie darüberstreuen und die Butter dazugeben. Warm halten.

4 Für den Zander das Fischfilet waschen, trocken tupfen und in 8 gleich große Stücke schneiden. Das Mehl in einen tiefen Teller geben und die Fischstücke mit der Hautseite in das Mehl tauchen. Das Öl in einer großen Pfanne erhitzen und die Zanderstücke darin auf der Hautseite etwa 4 Minuten goldbraun anbraten. Die Pfanne vom Herd nehmen, den Fisch wenden und in der Resthitze gar ziehen lassen. Die Zanderstücke herausnehmen, auf Küchenpapier abtropfen lassen und mit Chilisalz würzen.

5 Das Kartoffel-Schwammerl-Gröstl auf Teller verteilen und die Zanderstücke darauf anrichten. Den Schnittlauchdip dazu reichen.

Saibling auf lauwarmem Kohlrabisalat

Zutaten für 4 Personen

Für den Kohlrabisalat:
2 kleine Kohlrabi
100 ml Gemüse- oder Hühnerbrühe
1 EL Weißweinessig
1/2 TL Dijon-Senf
2 EL Öl
mildes Chilisalz
Zucker
frisch geriebene Muskatnuss
1 EL Kerbelblätter (frisch geschnitten)

Für den Saibling:
Butter für das Blech
4 Saiblingsfilets (à 100 g)
1–2 EL braune Butter (siehe Tipp S. 10; ersatzweise Olivenöl)
mildes Chilisalz
Kerbelblätter zum Garnieren

1 Für den Kohlrabisalat den Kohlrabi putzen, schälen, vierteln und in 3 bis 4 mm dicke Scheiben schneiden. In einem Topf mit der Brühe zugedeckt 6 bis 7 Minuten weich garen.

2 Die Brühe durch ein Sieb in einen hohen Rührbecher gießen, den Kohlrabi in eine Schüssel füllen. Den Essig und den Senf zur Brühe geben. Das Öl mit dem Stabmixer unterrühren und das Dressing mit Chilisalz und je 1 Prise Zucker und Muskatnuss würzen. Das Dressing mit dem Kohlrabi mischen, den Kerbel unterheben und den Salat gegebenenfalls nachwürzen.

3 Für den Saibling den Backofen auf 100 °C vorheizen. Ein Backblech mit Butter einfetten. Die Saiblingsfilets waschen, trocken tupfen und in jeweils 3 Stücke schneiden. Die Fischstücke auf das Blech legen, mit Frischhaltefolie bedecken und im Ofen etwa 15 Minuten saftig durchgaren. Herausnehmen, mit brauner Butter bestreichen und mit Chilisalz würzen.

4 Den Kohlrabisalat etwas abtropfen lassen und auf Teller verteilen. Die Saiblingsfilets darauflegen und mit Kerbelblättern garnieren.

Alfons Schuhbeck empfiehlt

Beim Dünsten der Kohlrabis bleiben alle Aromastoffe in der Brühe erhalten, die man daher unbedingt mitverarbeiten sollte. Besonders fein schmeckt der Kohlrabi, wenn er wie hier weich und nicht bissfest gegart wird. Mit 2 EL kalter Butter verfeinert und mit Chilisalz und Muskatnuss gewürzt, wird daraus eine leckere Gemüsebeilage. Die zarten Blätter der Kohlrabis können Sie in kleine Streifen schneiden, blanchieren und unter das Gemüse oder den Salat mischen.

Fischpflanzerl mit Rote-Bete-Kürbis-Gemüse

Zutaten für 4 Personen

Für das Rote-Bete-Kürbis-Gemüse:
400 g Rote Beten · Salz
½ TL ganzer Kümmel
300 g eingelegter Kürbis (mit Einlegesud)
je ½ TL abgeriebene Bio-Zitronen- und Bio-Orangenschale
1 EL Olivenöl

Für die Fischpflanzerl:
ca. 600 g mehligkochende Kartoffeln · Salz
1 TL ganzer Kümmel
2 Räucherforellenfilets (à ca. 100 g)
1 EL Dijon-Senf
1 EL Dillspitzen (frisch geschnitten)
2 EL flüssige braune Butter (siehe Tipp S. 10)
1 Ei
scharfes geräuchertes Paprikapulver (Piment La Vera picante)
1 Msp. gemahlene Kurkuma
½ TL getrockneter Majoran
½ TL abgeriebene Bio-Zitronenschale
frisch geriebene Muskatnuss
2 EL Butterschmalz zum Braten

Für die Sauce:
100 g Rahmjoghurt (10 % Fett)
1 EL Sahnemeerrettich
1 TL Dijon-Senf
frisch geriebene Muskatnuss
mildes Chilisalz · Zucker

Außerdem:
1–2 TL grob gehackte Pistazienkerne

1 Für das Rote-Bete-Kürbis-Gemüse die Roten Beten waschen und die Blätter vorsichtig abschneiden, ohne die Knollen zu verletzen. Die Roten Beten in kochendem Salzwasser mit dem Kümmel 1 bis 1 ½ Stunden weich garen.

2 Inzwischen für die Fischpflanzerl die Kartoffeln mit der Schale gründlich waschen und in Salzwasser mit dem Kümmel weich garen. Die Kartoffeln abgießen, ausdampfen lassen und möglichst heiß pellen. Dann mit dem Kartoffelstampfer zerdrücken und 30 Minuten abkühlen lassen.

3 Die Forellenfilets in kleine Würfel schneiden. Die Kartoffelmasse mit den Forellenwürfeln, Senf, Dill, brauner Butter und dem Ei in einer Schüssel mischen. Die Masse mit 1 Prise Paprikapulver, Kurkuma, Majoran, Zitronenschale und Muskatnuss würzen und alles zu einer gleichmäßigen Masse mischen.

4 Aus der Masse mit angefeuchteten Händen kleine Pflanzerl formen. Das Butterschmalz in einer Pfanne erhitzen und die Pflanzerl darin bei mittlerer Hitze auf beiden Seiten goldbraun braten. Auf Küchenpapier abtropfen lassen und warm halten.

5 Die Roten Beten in ein Sieb abgießen, kalt abschrecken, schälen und in 1 cm große Würfel schneiden (dabei am besten Einweghandschuhe tragen). Den Kürbis in ein Sieb abgießen und abtropfen lassen, dabei den Einlegesud auffangen. 100 ml Einlegesud mit den Rote-Bete-Würfeln mischen, mit Zitronen- und Orangenschale würzen und mindestens 10 Minuten ziehen lassen. Dann in ein Sieb abgießen und abtropfen lassen. Mit den Kürbisstücken und dem Olivenöl mischen und in einem Topf kurz erhitzen.

6 Für die Sauce den Joghurt mit Meerrettich und Senf glatt rühren und mit Muskatnuss, 2 Prisen Chilisalz und 1 Prise Zucker würzen.

7 Das Rote-Bete-Kürbis-Gemüse etwas abtropfen lassen, auf Teller verteilen und die Pflanzerl daneben anrichten. Die Meerrettichsauce danebensetzen und alles mit den Pistazien bestreuen. Nach Belieben mit Vanilleschote, Chilischote und Dillspitzen garnieren.

Lachsfilet auf Rahmspinat mit gebratenen Kartoffelwürfeln

Zutaten für 4 Personen

Für den Lachs:
4 Lachsfilets (à 120 g)
2 EL mildes Olivenöl
mildes Chilisalz

Für den Rahmspinat:
600 g Babyspinat
1 Knoblauchzehe
150 ml Gemüsebrühe
1 TL Ingwer (in feinen Würfeln)
300 g Sahne
2 EL kalte Butter
1 EL braune Butter (siehe Tipp S. 10)
1 TL Garam Masala
Salz · mildes Chilipulver

Für die Kartoffelwürfel:
1 große festkochende Kartoffel (150 g) · Salz
1 EL braune Butter
mildes Chilisalz

1 Für den Lachs den Backofen auf 100 °C vorheizen. Die Lachsfilets waschen und trocken tupfen. Eine Pfanne mit 1 bis 2 TL Olivenöl einpinseln, erhitzen und die Lachsfilets darin bei mittlerer Hitze auf jeder Seite etwa 2 Minuten anbraten. Aus der Pfanne nehmen, auf ein mit Backpapier belegtes Backblech legen und im Ofen auf der mittleren Schiene etwa 12 Minuten saftig durchziehen lassen.

2 Inzwischen für den Rahmspinat den Spinat verlesen, waschen und trocken schleudern. Den Knoblauch schälen und in feine Würfel schneiden. Die Brühe in einer tiefen Pfanne erhitzen und 400 g Spinat darin kurz zusammenfallen lassen. Den Knoblauch und den Ingwer hinzufügen. Die Sahne angießen und kurz köcheln lassen.

3 Alles in einen hohen Rührbecher geben und mit dem Stabmixer fein pürieren. Die kalte und die braune Butter untermixen und den Spinat wieder in die Pfanne geben. Die restlichen Spinatblätter untermischen. Mit dem Garam Masala, Salz und 1 Prise Chilipulver würzen. Den Rahmspinat warm halten.

4 Für die Kartoffelwürfel die Kartoffel schälen, waschen und in ½ bis 1 cm große Würfel schneiden. In Salzwasser 5 Minuten garen, in ein Sieb abgießen, abtropfen lassen und trocken tupfen. Die braune Butter in einer Pfanne erhitzen, die Kartoffelwürfel darin goldbraun anbraten und mit Chilisalz würzen.

5 Den Lachs aus dem Ofen nehmen, mit dem restlichen Olivenöl bestreichen und mit Chilisalz würzen. Den Rahmspinat auf vorgewärmten Tellern anrichten, je 1 Lachsfilet mittig daraufsetzen und die Kartoffelwürfel darum herumstreuen.

Alfons Schuhbeck empfiehlt

Mit »Fischstäbchen« zum Rahmspinat werden bei vielen Kindheitserinnerungen wach: Dafür 400 g Rotbarschfilet waschen, trocken tupfen, in etwa 2 cm breite Streifen schneiden und mit Chilisalz würzen. 100 g doppelgriffiges Mehl auf einen Teller und 150 ml Bier in eine Schüssel geben. Die Fischstücke erst im Mehl wenden, dann durch das Bier ziehen und noch einmal im Mehl wenden. Den Vorgang wiederholen und die »Fischstäbchen« auf beiden Seiten in Butterschmalz goldbraun braten. Herausnehmen und auf Küchenpapier abtropfen lassen.

Backhendl mit grünem Salat und Minze

1 Für den Salat die Brühe mit dem Zitronensaft und dem Senf verrühren. Das Olivenöl erst tropfenweise, dann in dünnem Strahl unter kräftigem Rühren hinzufügen. Die Minze unterrühren und alles mit Salz, Pfeffer und 1 Prise Zucker würzen. Vom Kopfsalat die äußeren Blätter entfernen. Den Salat in die einzelnen Blätter teilen, waschen, trocken schleudern und in mundgerechte Stücke zupfen.

2 Für das Backhendl den Joghurt mit der Gewürzmischung glatt rühren und mit Salz abschmecken. Die Hähnchenbrustfilets waschen, trocken tupfen und schräg in Stücke schneiden. Mit dem Joghurt mischen. Die Weißbrotbrösel in einen tiefen Teller geben und die Hähnchenstücke darin wenden, dabei die Panade nicht zu fest andrücken.

3 Das Öl in einer Pfanne erhitzen und die Fleischstücke darin bei mittlerer Hitze auf jeder Seite etwa 3 Minuten knusprig goldbraun braten. Herausnehmen und auf Küchenpapier abtropfen lassen.

4 Den Kopfsalat mit dem Dressing marinieren und auf vorgewärmten Tellern anrichten. Die Backhendlstücke dazulegen.

Zutaten für 4 Personen

Für den Salat:
100 ml lauwarme Gemüsebrühe
2 EL Zitronensaft
½ TL scharfer Senf
4 EL mildes Olivenöl
1 EL Minzeblätter (frisch geschnitten)
Salz · Pfeffer aus der Mühle
Zucker
1 Kopfsalat

Für das Backhendl:
150 g Naturjoghurt
1 EL Brathähnchengewürz (siehe Tipp unten) · Salz
4 Hähnchenbrustfilets (à 150 g)
150 g Weißbrotbrösel
ca. 80 ml Öl zum Braten

Alfons Schuhbeck empfiehlt

Wenn Sie kein Brathähnchengewürz bekommen, können Sie sich einfach selbst eines zusammenstellen: Für 1 EL Gewürzmischung ½ TL Salz mit je ¼ TL Chiliflocken, Knoblauch- und edelsüßem Paprikapulver, gemahlenen Fenchelsamen und Korianderkörnern, getrocknetem Oregano und Rosmarin mischen.

Hähnchencurry mit Brokkoli

Zutaten für 4 Personen

200 g Brokkoli
1 Karotte · Salz
500 g Hähnchenbrustfilet
4 Knoblauchzehen
300 ml Hühnerbrühe
300 g Sahne
300 ml Kokosmilch
2 TL geriebener Ingwer
1 EL Speisestärke
1 EL mildes Currypulver
1 Msp. mildes Chilipulver

1 Den Brokkoli putzen, waschen und in die einzelnen Röschen teilen. Die Karotte putzen, schälen und in Scheiben schneiden. Beides nacheinander in kochendem Salzwasser gerade weich garen, kalt abschrecken und abtropfen lassen. Beiseitestellen.

2 Das Hähnchenbrustfilet waschen, trocken tupfen und in 2 cm große Stücke schneiden. In einem Topf Salzwasser aufkochen lassen und vom Herd nehmen. Die Hähnchenbrustwürfel hineingeben und 2 Minuten ziehen lassen. In ein Sieb abgießen und abtropfen lassen.

3 Den Knoblauch schälen und fein reiben. Die Brühe, die Sahne, die Kokosmilch, den Knoblauch und den Ingwer in einem großen Topf aufkochen lassen. Die Speisestärke mit wenig kaltem Wasser glatt rühren und nach und nach in die köchelnde Sauce rühren, bis diese sämig bindet. Mit Salz, Curry- und Chilipulver würzen.

4 Den Brokkoli, die Karotte und die Hähnchenwürfel zur Currysauce geben und nochmals kurz erhitzen. Gegebenenfalls nachwürzen. Das Hähnchencurry auf Suppenschalen verteilen.

Alfons Schuhbeck empfiehlt

Das Curry können Sie nach Lust und Laune auch mit anderen Gemüsesorten zubereiten. Gut eignen sich z. B. auch Paprikaschoten, Babymais, Blumenkohl, Bambussprossen oder Thai-Auberginen.

Barbarie-Entenbrust mit Wirsing-Kürbis-Gemüse

1 Für die Entenbrust den Backofen auf 100 °C vorheizen. Auf die mittlere Schiene ein Ofengitter und darunter ein Abtropfblech schieben. Die Entenbrustfilets waschen und trocken tupfen, falls nötig, von Sehnen und Federkielen befreien. Die Hautseite mit einem scharfen Messer rautenförmig einschneiden.

2 Die Entenbrustfilets in einer Pfanne ohne Fett auf der Hautseite bei mittlerer Hitze etwa 5 Minuten braun anbraten. Wenden und kurz auf der Fleischseite anbraten, dann auf dem Gitter im Ofen 50 bis 60 Minuten rosa garen.

3 Inzwischen für das Wirsing-Kürbis-Gemüse den Wirsing putzen, waschen und die Blattrippen herausschneiden. Die Wirsingblätter in kochendem Salzwasser blanchieren, in ein Sieb abgießen, kalt abschrecken und abtropfen lassen. Das überschüssige Wasser herausdrücken und den Wirsing in Rauten schneiden. Die Kürbisstücke in ein Sieb abgießen, dabei den Einlegesud auffangen. In etwa 1 cm große Stücke schneiden.

4 Den Knoblauch schälen und in Scheiben schneiden. Den Wirsing mit dem Kürbis, der Brühe und 2 EL Kürbis-Einlegesud in einer Pfanne erhitzen. Die Vanilleschote, den Knoblauch und den Ingwer dazugeben und bei mittlerer Hitze einige Minuten ziehen lassen. Etwas Zimt darüberreiben und mit Muskatnuss und Chilisalz würzen. Die kalte und die braune Butter unterrühren.

5 Für die Orangen-Senf-Sauce die Sahne mit der Brühe und den beiden Senfsorten verrühren und erhitzen. Die Orangenschale und die kalte Butter unterrühren und die Sauce mit Chilisalz abschmecken.

6 Die Entenbrustfilets aus dem Ofen nehmen, in Scheiben schneiden und mit Chilisalz würzen. Die Orangen-Senf-Sauce auf vorgewärmte Teller verteilen und das Wirsing-Kürbis-Gemüse darauf anrichten. Die Entenbrustscheiben darauflegen.

Zutaten für 4 Personen

Für die Entenbrust:
2 Barbarie-Entenbrustfilets
(à 350 g; mit Haut)
mildes Chilisalz

Für das Wirsing-Kürbis-Gemüse:
½ Wirsing (300 g) · Salz
80 g eingelegter Kürbis
(mit Einlegesud)
1 Knoblauchzehe
2 EL Hühnerbrühe
¼ ausgekratzte Vanilleschote
2 Scheiben Ingwer
1 Stück Zimtrinde
frisch geriebene Muskatnuss
mildes Chilisalz
1 EL kalte Butter
1 EL braune Butter (siehe Tipp S. 10)

Für die Orangen-Senf-Sauce:
100 g Sahne
100 ml Hühnerbrühe
2 EL Dijon-Senf
1 EL süßer Senf
1 TL abgeriebene Bio-Orangenschale
1 EL kalte Butter
mildes Chilisalz

Brathendl mit Pfifferlingen, Lauch und Rosa Beeren

Zutaten für 4 Personen

Für das Brathendl:
1 Masthähnchen (ca. 1 ½ kg; küchenfertig)
1 TL Brathähnchengewürz (siehe Tipp S. 41)
4 EL mildes Olivenöl
3 Stiele Petersilie

Für das Gemüse:
1 dicke Lauchstange · Salz
500 g dicke Bohnen (in der Schote; ersatzweise 200 g tiefgekühlte dicke Bohnenkerne)
1 gelber Zucchino
200 g kleine Pfifferlinge
1 EL braune Butter (siehe Tipp S. 10)
gemahlener Kümmel
getrockneter Majoran
mildes Chilisalz
1 Msp. abgeriebene Bio-Zitronenschale

Für das Dressing:
100 ml lauwarme Gemüsebrühe
1 EL Dijon-Senf
2 EL Balsamico bianco
½ TL geriebener Ingwer
1 geriebene Knoblauchzehe
2 EL mildes Salatöl
2 EL mildes Olivenöl
mildes Chilisalz · Zucker

Außerdem:
einige Kräuterblätter (z. B. Minze und kleinblättriger Basilikum) zum Garnieren
1–2 TL Rosa Pfefferbeeren

1 Für das Brathendl den Backofen auf 160 °C vorheizen. Auf die unterste Schiene ein Abtropfblech schieben und ein Ofengitter daraufsetzen. Das Hähnchen innen und außen waschen und trocken tupfen. Das Brathähnchengewürz mit dem Olivenöl verrühren und die Bauchhöhle des Hähnchens damit einstreichen. Die Petersilie waschen, trocken tupfen und in die Bauchhöhle legen. Die Hähnchenkeulen mit Küchengarn zusammenbinden.

2 Das Hähnchen auf dem Gitter im Ofen 1 ¼ Stunden garen. Danach die Temperatur auf 200 °C erhöhen und das Hähnchen weitere 20 bis 25 Minuten knusprig braun braten.

3 Inzwischen für das Gemüse den Lauch putzen, waschen, das dunkle Lauchgrün entfernen und den Rest schräg in 1 bis 1 ½ cm breite Scheiben schneiden. In kochendem Salzwasser etwa 5 Minuten gerade bissfest garen, in ein Sieb abgießen, kalt abschrecken, abtropfen lassen und die Scheiben in Ringe zerteilen. Die dicken Bohnen aus den Schoten lösen und in kochendem Salzwasser 1 bis 2 Minuten blanchieren. In ein Sieb abgießen, kalt abschrecken und abtropfen lassen. Die Bohnenkerne aus den Häutchen drücken.

4 Für das Dressing die Brühe mit Senf, Essig, Ingwer, Knoblauch und beiden Ölsorten in einen hohen Rührbecher geben und alles mit dem Stabmixer durchrühren. Das Dressing mit Chilisalz und 1 Prise Zucker würzen. Den Lauch und die Bohnen damit marinieren. Den Salat kurz ziehen lassen und gegebenenfalls etwas nachwürzen.

5 Den Zucchino putzen, waschen und in Scheiben schneiden. Die Pfifferlinge putzen, falls nötig, kurz in stehendem kaltem Wasser waschen, herausnehmen, abtropfen und auf Küchenpapier trocknen lassen. Die braune Butter in einer Pfanne erhitzen und den Zucchino darin anbraten. Die Pilze dazugeben und alles mit je 1 Prise Kümmel und Majoran, Chilisalz und Zitronenschale würzen.

6 Das Hähnchen tranchieren und in kleinere Stücke teilen. Alle Gemüse und die Pilze auf vorgewärmten Tellern anrichten. Die Hähnchenstücke daraufsetzen und mit den Kräuterblättern garnieren. Die Pfefferbeeren im Mörser etwas anstoßen oder zwischen den Fingern zerreiben und darüberstreuen.

Perlhuhnbrust auf Chili-Rahmkraut mit weisser Pfeffersauce

Zutaten für 4 Personen

Für das Chili-Rahmkraut:
½ Zwiebel
1 EL braune Butter (siehe Tipp S. 10)
400 g Sauerkraut (aus der Dose)
50 ml Weißwein
200 ml Gemüsebrühe
5 schwarze Pfefferkörner
2 angedrückte Wacholderbeeren
je ½ TL Korianderkörner und ganzer Kümmel
1 Lorbeerblatt
1–2 EL Apfelmus
3 EL Sahne
1 EL kalte Butter
½–1 TL Chiliflocken

Für die Perlhuhnbrust:
4 Perlhuhnbrustfilets (à ca. 120 g; mit Haut)
1 TL Öl
mildes Chilisalz

Für die Pfeffersauce:
1–2 EL schwarze Pfefferkörner
40 g Champignons
1 Zwiebel
1 kleine Knoblauchzehe
1 EL Öl · 2 cl Cognac
80 ml Apfelsaft
¼ l Hühnerbrühe
80 g Sahne
¼ ausgekratzte Vanilleschote
1 Scheibe Ingwer
1–2 TL Speisestärke
je 1 Msp. abgeriebene Bio-Zitronen- und Bio-Orangenschale
30 g kalte Butter

1 Für das Chili-Rahmkraut die Zwiebel schälen und in feine Würfel schneiden. Die braune Butter in einem Topf erhitzen und die Zwiebel darin glasig dünsten. Das Sauerkraut in ein Sieb abgießen, unter fließendem kaltem Wasser waschen und ausdrücken. Das Kraut zu der Zwiebel geben und kurz andünsten. Den Wein angießen und etwas einköcheln lassen. Die Brühe dazugeben. Die Gewürze in einen Einwegteebeutel füllen, verschließen, zum Kraut geben und bei milder Hitze 30 bis 40 Minuten ziehen lassen.

2 Inzwischen für die Perlhuhnbrust den Backofen auf 100 °C vorheizen. Ein Backblech auf die unterste Schiene und darauf ein Ofengitter schieben. Die Perlhuhnbrustfilets waschen und trocken tupfen. Das Öl in einer Pfanne erhitzen und das Fleisch darin auf der Hautseite bei mittlerer Hitze goldbraun und knusprig anbraten. Wenden, die Pfanne vom Herd nehmen und die Filets in der Resthitze kurz ziehen lassen. Aus der Pfanne nehmen und auf dem Gitter im Ofen etwa 25 Minuten saftig gar ziehen lassen.

3 Für die Pfeffersauce die Pfefferkörner in einem kleinen Topf in kochendem Wasser 2 Minuten blanchieren, in ein Sieb abgießen und abtropfen lassen. Die Champignons putzen und in kleine Würfel schneiden. Die Zwiebel schälen und in feine Würfel schneiden. Den Knoblauch schälen und in Scheiben schneiden.

4 Das Öl in einer Pfanne erhitzen und Pfefferkörner, Pilze und Zwiebel darin andünsten. Mit Cognac ablöschen, Apfelsaft, Brühe und Sahne dazugeben und auf zwei Drittel einköcheln lassen. Vanilleschote, Knoblauch und Ingwer hinzufügen. Die Speisestärke mit wenig kaltem Wasser glatt rühren. Unter die köchelnde Sauce rühren, bis sie sämig bindet. Durch ein Sieb gießen, mit Zitronen- und Orangenschale würzen und die kalte Butter unterrühren.

5 Den Gewürzbeutel am Ende der Garzeit aus dem Sauerkraut entfernen. Das Apfelmus, die Sahne und die Butter unter das Kraut rühren. Mit Chiliflocken und nach Belieben mit Salz abschmecken. Die Perlhuhnbrustfilets aus dem Ofen nehmen, in Scheiben schneiden und mit Chilisalz würzen. Das Chili-Rahmkraut auf vorgewärmten Tellern anrichten und die Pfeffersauce darum herumträufeln. Die Perlhuhnscheiben darauflegen.

Geschmorte Lammhaxerl mit Pistazienreis

Zutaten für 4 Personen

Für die Lammhaxerl:
1 Zwiebel
½ Karotte
70 g Knollensellerie
¼ Fenchelknolle
¼ Stange Lauch
2 hintere Lammhaxen
(à 300–350 g; küchenfertig)
2 EL Öl
1 TL Puderzucker
1 EL Tomatenmark
50 ml roter Portwein
200 ml kräftiger Rotwein
300 ml Hühnerbrühe
1 Lorbeerblatt
1 TL Speisestärke
1 halbierte Knoblauchzehe
2 Scheiben Ingwer
1 Streifen Bio-Zitronenschale
1 Zweig Thymian
Salz · Pfeffer aus der Mühle

Für den Pistazienreis:
80 g Basmatireis · Salz
3 Scheiben Ingwer
3 angedrückte Kardamomkapseln
1 Gewürznelke
1 EL Pistazienkerne (grob gehackt)
1 EL Kerbelblätter (frisch geschnitten)
1 EL Butter

Außerdem:
1 EL Granatapfelkerne

1 Für die Lammhaxerl die Zwiebel, die Karotte und den Sellerie putzen und schälen. Den Fenchel und den Lauch putzen und waschen. Gemüse in 1 cm große Würfel schneiden. Den Backofen auf 140 °C vorheizen.

2 Die Lammhaxen, falls nötig, von Fett und Sehnen befreien. In einem Bräter 1 EL Öl erhitzen und die Lammhaxen darin bei mittlerer Hitze rundum anbraten. Die Haxen herausnehmen und das Bratfett abgießen.

3 Den Puderzucker in den Bräter stäuben und hell karamellisieren. Das Tomatenmark unterrühren und kurz anrösten. Mit dem Portwein und nach und nach mit je einem Drittel Rotwein ablöschen und jeweils einköcheln lassen.

4 Die Zwiebel, die Karotte, den Sellerie und den Fenchel in einer Pfanne im restlichen Öl andünsten, mit der Brühe in den Bräter geben und die Lammhaxen daraufsetzen. Zugedeckt im Ofen auf der mittleren Schiene etwa 3 ½ Stunden schmoren, dabei mehrmals wenden. 20 Minuten vor Ende der Garzeit das Lorbeerblatt und den Lauch hinzufügen.

5 Inzwischen für den Pistazienreis den Reis in einem Sieb unter fließendem kaltem Wasser waschen, bis es klar bleibt. Den Reis in einen Topf geben und mit 150 ml Wasser aufgießen. Das Wasser leicht salzen, Ingwer, Kardamomkapseln und Gewürznelke dazugeben. Den Reis aufkochen und knapp unter dem Siedepunkt etwa 15 Minuten bissfest quellen lassen. Die Gewürze wieder entfernen. Pistazien, Kerbelblätter und die Butter dazugeben.

6 Die Lammhaxen herausnehmen und die Sauce durch ein Sieb in einen Topf gießen. Das Gemüse und das Fleisch beiseitestellen. Die Sauce etwas einköcheln lassen. Die Speisestärke mit wenig kaltem Wasser glatt rühren und in die Sauce geben, bis diese leicht sämig bindet. Die Sauce bei milder Hitze 1 bis 2 Minuten köcheln lassen.

7 Die Sauce vom Herd nehmen, Knoblauch, Ingwer, Zitronenschale und Thymianzweig hinzufügen, einige Minuten darin ziehen lassen und wieder entfernen. Die Sauce mit Salz und Pfeffer abschmecken.

8 Die Lammhaxen vom Knochen lösen und in kleinere Stücke zerteilen. Das Gemüse und das Fleisch in der Sauce erwärmen. Das Lammfleisch und das Schmorgemüse mit der Sauce auf vorgewärmten Tellern anrichten. Den Pistazienreis danebensetzen und mit Granatapfelkernen bestreuen.

Lammkoteletts auf Paprika-Bulgur-Salat

Zutaten für 4 Personen

Für die Lammkoteletts:
1 Lammkarree (ca. 350 g; küchenfertig)
1–2 TL Öl
mildes Chilisalz

Für den Paprika-Bulgur-Salat:
½ rote Paprikaschote
50 g Bulgur
150 ml Hühnerbrühe
2 TL Zitronensaft
1 EL mildes Olivenöl
1 TL Arganöl (ersatzweise Walnussöl)
1 TL Dillspitzen (frisch geschnitten)
je 1 Msp. abgeriebene Bio-Zitronen- und Bio-Orangenschale
Salz · Pfeffer aus der Mühle
mildes Chilipulver

Für die Aubergine:
4 Auberginenscheiben (längs geschnitten, ½ bis 1 cm dick)
½ TL getrocknetes Bohnenkraut
80 g doppelgriffiges Mehl (Wiener Grießler)
1 EL mildes Olivenöl

1 Für die Lammkoteletts den Backofen auf 100 °C vorheizen. Auf die mittlere Schiene ein Ofengitter und darunter ein Abtropfblech schieben. Das Lammkarree waschen, trocken tupfen und nach jedem zweiten Knochen durchschneiden. Die Lammkoteletts auf die Schnittseite legen und mit den Handballen etwas flach drücken.

2 Eine Pfanne bei mittlerer Temperatur erhitzen und das Öl darin mit dem Pinsel verteilen. Die Lammkoteletts darin rundum hell anbraten. Das Fleisch aus der Pfanne nehmen und auf dem Gitter im Ofen 20 Minuten rosa garen.

3 Inzwischen für den Paprika-Bulgur-Salat die Paprika entkernen, waschen, mit dem Sparschäler schälen und in kleine Würfel schneiden. Den Bulgur und die Paprikawürfel mit ⅛ l Brühe in einem kleinen Topf aufkochen lassen und zugedeckt knapp unter dem Siedepunkt 10 Minuten garen. Anschließend etwas abkühlen lassen.

4 Für das Dressing die restliche Brühe mit Zitronensaft, Oliven- und Arganöl verrühren. Dill, Zitronen- und Orangenschale hinzufügen und mit Salz, Pfeffer sowie 1 Prise Chilipulver würzen. Das Dressing mit dem Bulgur mischen. Gegebenenfalls nochmals nachwürzen.

5 Für die Aubergine die Auberginenscheiben mit Bohnenkraut würzen. Das Mehl auf einen Teller geben und die Auberginenscheiben darin wenden. Dann mit kaltem Wasser besprenkeln und leicht verreiben, sodass das Mehl etwas verkleistert. Das Olivenöl in einer Pfanne erhitzen und die Auberginenscheiben darin auf beiden Seiten goldbraun braten.

6 Die Lammkoteletts aus dem Ofen nehmen, mit Chilisalz würzen und halbieren. Die Auberginenscheiben auf vorgewärmten Tellern anrichten und den Paprika-Bulgur-Salat darauf oder daneben verteilen. Die Lammkoteletts zum Salat legen und nach Belieben etwas Joghurtdip (z. B. S. 24) darum herumträufeln.

Kalbsfilet »Asia« mit Krautfleckerln

Zutaten für 4 Personen

Für die Krautfleckerl:
½ kleiner junger Weiß- oder Spitzkohl
Salz · Zucker
⅛ l Apfelsaft
1 Msp. abgeriebene Bio-Zitronenschale
1 EL Petersilienblätter (frisch geschnitten)
1 EL kalte Butter
milde Chiliflocken
1 EL braune Butter (siehe Tipp S. 10)

Für das Kalbsfilet:
500 g Kalbsfilet
1–2 TL Öl
2 EL helle Sojasauce
1 Knoblauchzehe
1 TL Ingwer (in feinen Würfeln)
40 g kalte Butter
6 Stiele Koriander
1 TL Anissamen

1 Für die Krautfleckerl vom Weißkohl die äußeren Blätter entfernen, den Kohl vierteln und den harten Strunk entfernen. Die Blätter in Rauten schneiden. Einen größeren Topf erhitzen und den Kohl hineingeben. Mit Salz und 1 Prise Zucker würzen, den Apfelsaft angießen und das Kraut 10 bis 15 Minuten dünsten, dabei öfter rühren.

2 Inzwischen für das Kalbsfilet das Fleisch in 4 bis 5 mm dicke Scheiben schneiden und mit dem Handballen flach drücken. Eine große Pfanne bei mittlerer Temperatur erhitzen und das Öl mit einem Pinsel darin verteilen. Die Filets darin auf beiden Seiten etwa 1 Minute anbraten, herausnehmen und auf einen vorgewärmten Teller legen.

3 Den Bratsatz mit 100 ml Wasser ablöschen und die Sojasauce dazugeben. Den Knoblauch schälen, in feine Würfel schneiden, mit dem Ingwer hinzufügen und etwa 1 Minute einköcheln lassen. Die kalte Butter unterrühren und die Fleischscheiben darin nochmals kurz erwärmen. Den Koriander waschen, trocken schütteln und mit den Stielen klein schneiden.

4 Die Zitronenschale und die Petersilie zu den Krautfleckerln geben, die kalte Butter unterrühren und mit 1 Prise Chiliflocken und brauner Butter abschmecken. Die Krautfleckerl auf vorgewärmte Teller verteilen. Die Kalbsfiletscheiben darauf anrichten und mit der Sauce beträufeln. Mit Koriander und Anis bestreuen.

Alfons Schuhbeck empfiehlt

Zum Ablöschen für das Kalbsfilet verwendet man Wasser anstelle von Brühe, da die Sojasauce schon kräftig gewürzt ist. Im Handel sind unterschiedliche Sojasaucen im Angebot, greifen Sie aber lieber auf die helle Sauce zurück, sie ist leichter und wesentlich weniger salzig als die dunklen Varianten.

Gyrospfanne mit Knoblauch-Dill-Joghurt

Zutaten für 4 Personen

Für den Knoblauch-Dill-Joghurt:
80 g Frischkäse
150 g Naturjoghurt
1/2 TL Dijon-Senf
1 EL Dillspitzen (frisch geschnitten)
1 geriebene Knoblauchzehe
1/2 TL geriebener Ingwer
1 Spritzer Zitronensaft
Salz · Pfeffer aus der Mühle
Zucker · milde Chiliflocken

Für das Gyros:
500 g Schweinenacken
80 ml Öl
2 TL Gyrosgewürz
1 Zwiebel · Salz

Für den Salat:
80 ml Gemüsebrühe
1 EL Rotweinessig
1/2 TL scharfer Senf
2 EL mildes Olivenöl
Salz · Pfeffer aus der Mühle
Zucker
200 g gemischte Salatblätter
(z. B. Radicchio, Romana)
1 reife Avocado
4 Radieschen
1/3 Salatgurke · 1 Karotte
1 EL Mandelblättchen

1 Für den Knoblauch-Dill-Joghurt den Frischkäse mit dem Joghurt und dem Senf glatt rühren. Den Dill, den Knoblauch und den Ingwer dazugeben und den Dip mit Zitronensaft, Salz, Pfeffer, je 1 Prise Zucker und Chiliflocken würzen.

2 Für das Gyros den Schweinenacken in Streifen schneiden. 70 ml Öl und die Gewürzmischung verrühren und mit dem Fleisch mischen. Eine große Pfanne bei mittlerer Temperatur erhitzen. Die Fleischstreifen darin portionsweise 1 bis 2 Minuten anbraten und herausnehmen.

3 Die Zwiebel schälen und in Streifen schneiden. Das restliche Öl in der Pfanne erhitzen und die Zwiebelstreifen darin einige Minuten andünsten. Das Fleisch wieder dazugeben und nochmals erhitzen. Mit Salz abschmecken und warm halten.

4 Für den Salat die Brühe, den Essig und den Senf verrühren und das Olivenöl mit dem Stabmixer unterrühren. Mit Salz, Pfeffer und 1 Prise Zucker würzen.

5 Die Salatblätter waschen, trocken schleudern und in mundgerechte Stücke zupfen. Die Avocado halbieren und den Stein entfernen. Die Avocadohälften schälen und das Fruchtfleisch in kleine Stücke schneiden. Die Radieschen putzen, waschen und in Scheiben schneiden. Die Gurke waschen, die Karotte putzen und schälen. Beides in feine Scheiben hobeln oder schneiden. Die Mandelblättchen in einer Pfanne ohne Fett hell rösten. Die Salatblätter mit Avocadostücken, Radieschen-, Gurken- und Karottenscheiben in eine Schüssel geben.

6 Den Salat mit der Vinaigrette mischen und mit Mandelblättchen bestreuen. Das Gyros auf vorgewärmten Tellern anrichten und den Knoblauch-Dill-Joghurt danebenträufeln. Mit dem Salat servieren.

Gefüllte Peperoni auf Kürbissauce

Zutaten für 4 Personen

Für die Peperoni:
4 rote Spitzpaprikaschoten · Salz
200 g gemischtes Hackfleisch (Kalb und Schwein)
1 TL Dijon-Senf
1 TL getrockneter Majoran
gemahlene Kurkuma
Paprikapulver (edelsüß)
gemahlener Kümmel
1/2 TL abgeriebene Bio-Zitronenschale
1 geriebene Knoblauchzehe
1 TL geriebener Ingwer
Zimtpulver
milde Chiliflocken · 1 Ei

Für die Kürbissauce:
200 g Muskatkürbis
150 ml Hühnerbrühe
50 ml Kokosmilch
40 g kalte Butter
1 TL mildes Currypulver
1 Msp. abgeriebene Bio-Orangenschale

Außerdem:
2 Handvoll Babyspinat
1 EL Butter
1 Stück Vanilleschote (ca. 2 cm)
1 kleine rote Chilischote
1 Knoblauchzehe (in Scheiben)
mildes Chilisalz
1 EL Dillspitzen (frisch geschnitten)

1 Für die Peperoni die Paprikaschoten waschen, jeweils einen Deckel abschneiden und beiseitelegen. Die Kerne aus dem Inneren der Schoten entfernen. Die Paprikaschoten und -deckel in kochendem Salzwasser 4 bis 5 Minuten garen, kalt abschrecken und abtropfen lassen.

2 Für die Füllung das Hackfleisch mit Senf, Majoran, je 1 Prise Kurkuma, Paprikapulver und Kümmel sowie Zitronenschale, Knoblauch, Ingwer, je 1 Prise Zimt und Chiliflocken und dem Ei mischen. Die Masse mit einem Teelöffel in die Paprikaschoten füllen. Die Deckel wieder anlegen.

3 Für die Kürbissauce den Kürbis schälen und die Kerne mit einem Löffel entfernen. Das Kürbisfleisch in 1 bis 2 cm große Würfel schneiden und mit der Brühe in einen flachen Topf geben. Die gefüllten Peperoni dazwischenlegen. Alles aufkochen lassen und die Peperoni mit geschlossenem Deckel bei milder Hitze 30 bis 45 Minuten garen.

4 Die Peperoni aus dem Topf nehmen, auf einen Teller legen und warm halten. Die Brühe und die Kürbisstücke in einen hohen Rührbecher geben. Die Kokosmilch hinzufügen, kalte Butter, Currypulver und Orangenschale dazugeben und alles mit dem Stabmixer pürieren.

5 Den Spinat verlesen und waschen. Die Butter in einer Pfanne mit Vanilleschote, Chilischote und Knoblauch erhitzen und den Spinat darin zusammenfallen lassen. Mit Chilisalz und Dill würzen, auf vorgewärmten Tellern anrichten und jeweils 1 gefüllte Peperoni daraufsetzen. Die Kürbissauce darum herumträufeln. Nach Belieben mit Dill, Vanille- und Chilischote garnieren.

Alfons Schuhbeck empfiehlt

Wenn Sie ein Kürbisgemüse als Beilage haben möchten, nehmen Sie insgesamt 500 g Muskatkürbis. Pürieren Sie dann nur 1/4 der Kürbisstücke mit der Brühe und der Kokosmilch und geben Sie am Schluss die restlichen Kürbisstücke wieder in die Sauce.

Schweinefilet auf Wurzelgemüse

Zutaten für 4 Personen

Für das Wurzelgemüse:
je 1 orangefarbene und gelbe Karotte
1 Petersilienwurzel
2 Stangen Staudensellerie (mit Grün)
1 dünne Lauchstange
100 ml Gemüsebrühe
50 g Sahne
1 TL Speisestärke
1 Stück Vanilleschote (ca. 2 cm)
2 Scheiben Ingwer
1 Knoblauchzehe (in Scheiben)
1 EL Sahnemeerrettich
1 EL Dijon-Senf
1 EL Kerbelblätter (frisch geschnitten)
1 TL Petersilienblätter (frisch geschnitten)

Für das Schweinefilet:
600 g Schweinefilet
1 TL Öl
2 EL braune Butter (siehe Tipp S. 10)
Lebkuchengewürz
Chilisalz

Außerdem:
2 hauchdünne Scheiben Mischbrot
2 EL braune Butter
1 EL gehackte Walnusskerne

1 Für das Wurzelgemüse die Karotten und die Petersilienwurzel putzen und schälen. Den Sellerie putzen und waschen. Den Lauch putzen, das dunkle Grün entfernen und beiseitelegen, die Stange waschen. Den Lauch quer halbieren, in einzelne Blätter zerteilen und die Lauchblätter in 3 bis 4 mm breite Streifen schneiden. Karotten, Petersilienwurzel und Sellerie in 3 bis 4 mm dicke Scheiben schneiden.

2 Die Brühe in einem Topf erhitzen und die Karotten, die Petersilienwurzel und den Lauch darin mit geschlossenem Deckel 7 bis 8 Minuten gerade weich garen. Nach 5 Minuten den Sellerie dazugeben.

3 Für das Dressing den Gemüsefond durch ein Sieb in einen Topf gießen, die Sahne hinzufügen und aufkochen lassen. Die Speisestärke mit wenig kaltem Wasser glatt rühren und in die Sauce rühren, bis diese sämig bindet. Vanilleschote, Ingwer und Knoblauch dazugeben und die Sauce mit Meerrettich und Senf verrühren. Das Gemüse dazugeben und gegebenenfalls etwas nachwürzen. Den Ingwer wieder entfernen.

4 Für das Schweinefilet das Fleisch in 2 bis 3 cm dicke Medaillons schneiden. Das Öl in einer Pfanne erhitzen und die Fleischstücke darin bei mittlerer Hitze auf jeder Seite 3 Minuten braten. Aus der Pfanne nehmen. Die Pfanne vom Herd nehmen, die braune Butter zum Bratsatz geben und mit 1 Prise Lebkuchengewürz und Chilisalz würzen. Die Medaillons wieder dazugeben und darin wenden.

5 Aus dem Brot kleine Kreise ausstechen. Die braune Butter in einer Pfanne erhitzen und die Brotscheiben darin auf beiden Seiten knusprig braten.

6 Den Kerbel und die Petersilie unter das Wurzelgemüse mischen. Das Gemüse auf vorgewärmten Tellern anrichten, die Schweinefilets daraufsetzen und mit der Gewürzbutter beträufeln. Mit Sellerieblättern, Walnüssen und den Brotchips garnieren.

Kalbspiccata auf Tomatensauce

Zutaten für 4 Personen

Für die Tomatensauce:
1 Knoblauchzehe
300 g stückige Tomaten (aus der Dose)
¼ l Gemüsebrühe
4 EL mildes Olivenöl
1 Zimtsplitter
einige Basilikumstiele (ohne Blätter)
Chilisalz · Zucker
Pfeffer aus der Mühle

Für die Piccata:
2 Eier
80 g geriebener Parmesan
1 EL Mehl
Salz · Pfeffer aus der Mühle
frisch geriebene Muskatnuss
1 Schalotte
80 g Steinpilze (oder Champignons)
1 EL Olivenöl
gemahlener Kümmel
1 Msp. gehackter Knoblauch
½ TL abgeriebene Bio-Zitronenschale
1 TL Petersilienblätter (frisch geschnitten)
4 Kalbsschnitzel (à 90 – 100 g)
Öl zum Klopfen und zum Braten
Mehl zum Verarbeiten

1 Für die Tomatensauce den Knoblauch schälen und in Scheiben schneiden. Die stückigen Tomaten und die Brühe in einem Topf erhitzen. Den Knoblauch hinzufügen, alles mit dem Stabmixer pürieren und dabei das Olivenöl in einem dünnen Strahl hineinlaufen lassen. Den Zimt und die Basilikumstiele dazugeben und einige Minuten ziehen lassen, dann wieder entfernen. Die Tomatensauce mit Chilisalz, 1 Prise Zucker und Pfeffer abschmecken.

2 Für die Piccata die Eier mit dem Schneebesen oder der Küchenmaschine schaumig schlagen. Den Parmesan mit dem Mehl mischen, unter die verquirlten Eier rühren und mit Salz, Pfeffer und Muskatnuss würzen.

3 Die Schalotte schälen und in feine Würfel schneiden. Die Steinpilze putzen, halbieren und quer in Scheiben schneiden. Das Olivenöl in einer Pfanne erhitzen und die Schalottenwürfel darin bei milder Hitze glasig dünsten. Die Pilze dazugeben und kurz mitbraten. Mit Salz, Pfeffer, 1 Prise Kümmel, Knoblauch und Zitronenschale würzen und die Petersilie unterrühren.

4 Die Kalbsschnitzel zwischen zwei Lagen geölter Frischhaltefolie mit der flachen Seite des Schnitzelklopfers etwas flach klopfen und mit Pfeffer würzen. Die gebratenen Pilze auf den Fleischscheiben verteilen und die Schnitzel zusammenklappen. Die Schnitzelränder aneinanderdrücken.

5 Reichlich Öl in einer Pfanne erhitzen. Die Schnitzel in Mehl wenden, durch die Eier-Parmesan-Mischung ziehen, etwas abtropfen lassen und in dem Öl bei milder Hitze auf beiden Seiten jeweils etwa 3 Minuten hell anbraten. Herausnehmen und auf Küchenpapier abtropfen lassen. Die Piccata mit der Tomatensauce auf vorgewärmten Tellern anrichten.

Alfons Schuhbeck empfiehlt

»Piccata« heißen in Italien dünne, mehlierte Kalbsschnitzel, die in Butter gebraten werden. Der Klassiker »Piccata alla milanese« wird zusätzlich mit einer Parmesan-Ei-Panade umhüllt. Wichtig ist, dass Sie die Schnitzel bei milder Hitze in einer beschichteten Pfanne braten, damit die Käse-Ei-Panade nicht zu schnell bräunt, bevor das Fleisch durchgegart ist.

Bifteki mit Gemüsesalat

1 Für den Gemüsesalat den Spargel waschen und im unteren Drittel schälen, die holzigen Enden abschneiden. Die Spargelstangen längs halbieren und schräg in 3 bis 4 cm lange Stücke schneiden. Die Karotte putzen, schälen, längs halbieren und schräg in 4 bis 5 mm dicke Scheiben schneiden. Den Fenchel putzen, waschen und in 2 bis 3 cm große Stücke schneiden. Den Zucchino waschen, längs halbieren und in 4 bis 5 mm dicke Scheiben schneiden. Die Cocktailtomaten waschen und halbieren.

2 Spargel, Karotte, Fenchel und Zucchino nacheinander in kochendem Salzwasser gerade bissfest garen, in ein Sieb abgießen, kalt abschrecken und abtropfen lassen.

3 Für das Dressing die Brühe mit Zitronensaft, Senf, Olivenöl und Kräuterblättern verrühren und mit Chilisalz und 1 Prise Zucker würzen. Alle Gemüsesorten darin wenden, einige Minuten ziehen lassen und gegebenenfalls nachwürzen. Zuletzt die Oliven untermischen.

4 Für das Bifteki das Toastbrot in Würfel schneiden und in einer Schüssel in der Milch einweichen. Die Zwiebel schälen und in feine Würfel schneiden. In einer Pfanne mit der Brühe garen, bis die Flüssigkeit verkocht ist. Das Ei mit dem Senf, Knoblauch, Salz, Pfeffer, 1 Prise Muskatnuss und der Zitronenschale verquirlen.

5 Beide Hackfleischsorten mit dem eingeweichten Brot, dem verquirlten Ei, Zwiebelwürfeln, Oregano und der Petersilie mischen. Den Schafskäse in 8 gleich große Stücke schneiden. Die Hackmasse in 8 gleich große Portionen teilen. Mit angefeuchteten Händen zu Kugeln formen, flach drücken und je 1 Käsestück in die Mitte legen. Mit der Hackmasse umhüllen, dabei möglichst flach formen.

6 Das Öl in einer Pfanne erhitzen und die Bifteki darin bei milder Hitze auf beiden Seiten goldbraun braten. Herausnehmen und auf Küchenpapier abtropfen lassen. Die Bifteki mit dem Gemüsesalat auf vorgewärmten Tellern anrichten.

Zutaten für 4 Personen

Für den Gemüsesalat:
4 Stangen grüner Spargel
1 Karotte
½ kleine Fenchelknolle
½ Zucchino
80 g kleine Cocktailtomaten
Salz · 80 ml warme Gemüsebrühe
2 EL Zitronensaft
½ – 1 TL Dijon-Senf
2 EL Olivenöl
1 – 2 TL gemischte Kräuterblätter (frisch geschnitten; z. B. Basilikum, Dill, Kerbel, Petersilie)
mildes Chilisalz · Zucker
50 g Kalamata-Oliven

Für das Bifteki:
40 g Toastbrot
40 ml Milch
¼ Zwiebel
50 ml Gemüsebrühe
1 Ei · 1 TL scharfer Senf
1 geriebene Knoblauchzehe
Salz · Pfeffer aus der Mühle
frisch geriebene Muskatnuss
½ TL abgeriebene Bio-Zitronenschale
170 g Rinderhackfleisch
80 g Schweinehackfleisch
½ TL getrockneter Oregano
1 TL Petersilienblätter (frisch geschnitten)
100 g Schafskäse (Feta)
2 EL Öl zum Braten

Flambiertes Pfeffersteak auf Macadamia-Spinat

Zutaten für 4 Personen

Für das Pfeffersteak:
800 g Roastbeef (aus der Lende)
1 TL Öl
1 TL Puderzucker
150 ml Rotwein
1 EL Tomatenmark
200 ml Rinderfond
3 angedrückte Kardamomkapseln
1 Knoblauchzehe (in Scheiben)
1 Scheibe Ingwer
1 Zimtsplitter
je 1 Streifen Bio-Zitronen- und Bio-Orangenschale
4 cl Cognac
½ TL 7-Pfeffer-Mischung (siehe Tipp unten)
mildes Chilisalz

Für den Macadamia-Spinat:
2 Schalotten
500 g Baby- oder Blattspinat
1 EL braune Butter (siehe Tipp S. 10)
¼ Mango
40 g Macadamianüsse

1 Für das Pfeffersteak den Backofen auf 100 °C vorheizen. Ein Abtropfblech auf die unterste Schiene schieben und darauf ein Ofengitter setzen. Das Roastbeef in 3 bis 4 cm dicke Scheiben schneiden. Das Öl in einer Pfanne erhitzen und die Scheiben darin bei mittlerer Hitze auf beiden Seiten anbraten. Die Steaks herausnehmen und auf dem Gitter im Ofen etwa 50 Minuten saftig durchziehen lassen.

2 Den Puderzucker im Bratsatz bei mittlerer Hitze hell karamellisieren. Mit einem Drittel des Weins ablöschen, das Tomatenmark dazugeben und kurz anrösten. Den restlichen Wein auf zwei Mal angießen und jeweils einköcheln lassen. Den Fond angießen und Kardamom, Knoblauch, Ingwer, Zimt, Zitronen- und Orangenschale hinzufügen. Die Sauce nochmals etwas einköcheln lassen und anschließend durch ein Sieb passieren.

3 Die Steaks aus dem Ofen nehmen und in eine Pfanne legen. Den Cognac darübergießen. Mit einem langen Streichholz anzünden und das Feuer erlöschen lassen. Den Flambiersud mit der Pfeffermischung würzen und die Steaks damit beträufeln. Die Gewürzsauce dazugeben und alles mit Chilisalz würzen.

4 Für den Macadamia-Spinat die Schalotten schälen und in feine Würfel schneiden. Den Spinat verlesen und waschen, gegebenenfalls grobe Stiele entfernen. Die braune Butter in einer Pfanne erhitzen und die Schalotten darin andünsten. Den Spinat dazugeben und bei milder Hitze zusammenfallen lassen. Die Mango schälen, das Fruchtfleisch in Würfel schneiden und über den Spinat streuen.

5 Die Pfeffersteaks auf vorgewärmten Tellern anrichten und die Gewürzsauce darum herumträufeln. Den Spinat danebensetzen und die Macadamianüsse darüberreiben.

Alfons Schuhbeck empfiehlt

Der sogenannte »7er-Pfeffer« ist eine Mischung aus sieben verschiedenen »Pfeffersorten«, wobei jedoch nur schwarzer und grüner Pfeffer als echte Pfeffersorten gelten. Die Gewürzmischung können Sie sich selbst zusammenstellen: Für 3 EL »7er-Pfeffer« mischen Sie je 1 TL schwarzen und grünen Pfeffer, Piment, Sichuanpfeffer, Rosa Pfefferbeeren und Kubebenpfeffer (alles grob geschrotet) und ½ TL milde Chiliflocken. Die Mischung eignet sich auch zum Würzen von Rahmkraut, für Dips und als Tischgewürz.

Linguine mit Wildschweinbolognese

Zutaten für 4 Personen

Für die Wildschweinbolognese:
1 große Zwiebel
1 kleine Karotte
80 g Knollensellerie
400 g Wildschweinfleisch (aus der Keule)
1 EL Öl
1 TL Puderzucker
1 EL Tomatenmark
80 ml roter Portwein
1/8 l Rotwein
400 ml Hühnerbrühe
2 Lorbeerblätter
1/2 TL schwarze Pfefferkörner
6 angedrückte Wacholderbeeren
1/2 TL Korianderkörner
6 Pimentkörner
1 Stück Vanilleschote (ca. 2 cm)
1–2 TL Petersilienblätter (frisch geschnitten)
mildes Chilisalz

Für die Linguine:
350 g Linguine (ersatzweise Spaghetti) · Salz
3–4 Scheiben Ingwer
2 kleine getrocknete Chilischoten
150 ml Hühner- oder Gemüsebrühe
2 EL flüssige braune Butter (siehe Tipp S. 10)
Pfeffer aus der Mühle

1 Für die Wildschweinbolognese die Zwiebel schälen. Die Karotte und den Sellerie putzen und schälen. Zwiebel, Karotte und Sellerie in sehr kleine Würfel schneiden.

2 Das Wildschweinfleisch in sehr kleine Würfel schneiden oder durch den Fleischwolf drehen. Das Öl in einer Pfanne erhitzen und das Hackfleisch darin unter Rühren so lange braten, bis es zerkrümelt. Wieder herausnehmen.

3 Den Puderzucker in einem Topf bei mittlerer Hitze hell karamellisieren und das Tomatenmark darin anrösten. Mit Portwein und Rotwein ablöschen und 10 Minuten einköcheln lassen. Die Gemüsewürfel und das Hackfleisch dazugeben, die Brühe angießen und alles unter häufigem Rühren 1 1/2 Stunden mehr ziehen als kochen lassen.

4 Lorbeerblätter, Pfefferkörner, Wacholderbeeren, Koriander- und Pimentkörner sowie die Vanilleschote in einen Einwegteebeutel füllen und gut verschließen. Den Teebeutel nach 1 Stunde Garzeit zur Wildschweinbolognese geben. Am Ende der Garzeit das Gewürzsäckchen entfernen und die Petersilie unterrühren. Die Sauce mit Chilisalz abschmecken und warm halten.

5 Für die Linguine die Nudeln in reichlich Salzwasser (1 EL Salz auf 1 l Wasser) nach Packungsanweisung mit Ingwer und Chilischoten sehr bissfest garen, dabei gelegentlich umrühren. In ein Sieb abgießen, kurz abtropfen lassen und Ingwer und Chilischoten wieder entfernen. Die Nudeln mit der Brühe in eine Pfanne geben und erhitzen. Die braune Butter darüberträufeln und mit Pfeffer würzen.

6 Die Linguine auf vorgewärmte Teller verteilen und die Wildschweinbolognese darauf anrichten.

Rehmedaillons mit Erdnusssauce und Kartoffel-Birnen-Püree

Zutaten für 4 Personen

Für das Kartoffel-Birnen-Püree:
800 mehligkochende Kartoffeln
Salz · 1/2 TL ganzer Kümmel
200 ml Milch
2 EL kalte Butter
1 EL braune Butter (siehe Tipp S. 10)
frisch geriebene Muskatnuss
1 reife feste Birne

Für die Rehmedaillons und die Erdnusssauce:
8 Rehmedaillons (à ca. 80 g; aus dem Rückenfilet)
1 TL Öl
Salz · Pfeffer aus der Mühle
400 ml Hühnerbrühe
1 TL Speisestärke
100 g Erdnussmus (geröstet und gesalzen)
3 EL helle Sojasauce
1 TL geröstetes Sesamöl
1 TL geriebener Ingwer
Wildgewürz
milde Chiliflocken

Außerdem:
1 EL Kerbelblätter (frisch geschnitten)

1 Für das Kartoffel-Birnen-Püree die Kartoffeln mit der Schale gründlich waschen und in Salzwasser mit dem Kümmel weich garen.

2 Die Kartoffeln abgießen, ausdampfen lassen, möglichst heiß pellen und durch die Kartoffelpresse drücken. Die Milch erhitzen und mit einem Kochlöffel unterrühren. Die kalte und die braune Butter untermischen. Das Püree mit Salz und Muskatnuss würzen. Die Birne vierteln, schälen und das Kerngehäuse entfernen. Das Fruchtfleisch in kleine Würfel schneiden, unter das Kartoffelpüree rühren und warm halten.

3 Für die Rehmedaillons den Backofen auf 100 °C vorheizen. Ein Ofengitter auf die mittlere Schiene und darunter ein Abtropfblech schieben. Die Rehmedaillons mit dem Handballen etwas flach drücken.

4 Eine große Pfanne bei mittlerer Temperatur erhitzen und das Öl mit einem Pinsel darin verteilen. Die Medaillons darin bei milder Hitze auf beiden Seiten kurz anbraten. Das Fleisch aus der Pfanne nehmen und auf dem Gitter im Ofen etwa 30 Minuten rosa gar ziehen lassen. Herausnehmen und mit Salz und Pfeffer würzen.

5 Für die Erdnusssauce die Brühe in einer großen tiefen Pfanne erhitzen. Die Speisestärke mit wenig kaltem Wasser glatt rühren und in die leicht köchelnde Brühe rühren, bis diese leicht sämig bindet. Die Pfanne vom Herd nehmen, das Erdnussmus hineinrühren. Dann Sojasauce, Sesamöl, Ingwer, je 1 Prise Wildgewürz und Chiliflocken unterrühren, 1 bis 2 Minuten ziehen lassen und gegebenenfalls nachwürzen. Den ausgetretenen Fleischsaft in die Sauce rühren, die Medaillons in die Sauce legen und darin erhitzen, dabei nicht mehr kochen lassen.

6 Die Rehmedaillons quer halbieren und die Scheiben mit der Erdnusssauce auf vorgewärmten Tellern anrichten. Mit Kerbelblättern bestreuen und das Kartoffel-Birnen-Püree danebensetzen.

Hirschrücken mit Selleriepüree

Zutaten für 4 Personen

Für den Hirschrücken:
1 TL Öl
600 g Hirschrückenfilet
2 EL braune Butter (siehe Tipp S. 10)
Wildgewürz

Für die Sauce:
1 geh. EL Puderzucker
1 TL Tomatenmark
150 ml kräftiger Rotwein
50 ml roter Portwein
100 ml Holunderbeersaft (siehe Tipp)
150 ml Wildfond
½ TL Speisestärke
Lebkuchengewürz
mildes Chilisalz
Zucker
½ TL Zartbitterkuvertüre
½ TL Marzipanrohmasse
4 Zwetschgen
½ TL abgeriebene Bio-Orangenschale

Für das Selleriepüree:
450 g Knollensellerie
50 g mehligkochende Kartoffeln
300 ml Milch
1 EL kalte Butter
1 EL braune Butter
mildes Chilisalz
frisch geriebene Muskatnuss

1 Für den Hirschrücken den Backofen auf 100 °C vorheizen. Auf die mittlere Schiene ein Ofengitter und darunter ein Abtropfblech schieben. Das Öl in einer Pfanne erhitzen und den Hirschrücken darin bei mittlerer Hitze rundum kurz anbraten, sodass er sich leicht wölbt. Das Fleisch aus der Pfanne nehmen und auf dem Gitter im Ofen etwa 50 Minuten rosa garen.

2 Inzwischen für die Sauce den Puderzucker zum Bratsatz in die Pfanne sieben und darin bei mittlerer Hitze hell karamellisieren. Das Tomatenmark dazugeben, kurz anrösten und mit dem Rotwein ablöschen. Den Portwein und den Holunderbeersaft dazugießen und alles auf ein Drittel einköcheln lassen.

3 Den Wildfond angießen. Die Speisestärke mit wenig kaltem Wasser glatt rühren und in die Sauce rühren, bis diese sämig bindet. Die Sauce mit 1 Prise Lebkuchengewürz, Chilisalz und 1 Prise Zucker würzen. Die Schokolade und das Marzipan unterrühren und in der Sauce schmelzen lassen. Die Zwetschgen waschen, halbieren, entsteinen und mit der Orangenschale hinzufügen. Warm halten.

4 Für das Selleriepüree den Sellerie und die Kartoffeln schälen, waschen und in 1 bis 2 cm große Würfel schneiden. Die Würfel mit der Milch in einen flachen Topf geben, aufkochen lassen und mit geschlossenem Deckel bei milder Hitze 20 Minuten weich garen. Dann den Kochsud abgießen und das Gemüse in einen hohen Rührbecher füllen. Die kalte Butter hinzufügen und mit dem Stabmixer pürieren. Mit brauner Butter, 1 Prise Chilisalz und Muskatnuss würzen.

5 Den Hirschrücken aus dem Ofen nehmen. Die braune Butter in einer Pfanne erwärmen, 1 Prise Wildgewürz hineinstreuen und das Fleisch darin wenden. Aus dem Selleriepüree Nocken formen und auf vorgewärmten Tellern anrichten. Die Sauce mit den Zwetschgen danebensetzen. Den Hirschrücken schräg in Stücke schneiden und darauf anrichten. Das Püree nach Belieben mit Sellerieblättern und Birnenspalten garnieren.

Alfons Schuhbeck empfiehlt

Am besten ist für diese Sauce reiner Holunderbeersaft, auch Muttersaft genannt, geeignet. Er ist in gut sortierten Supermärkten, Reformhäusern oder Bioläden erhältlich.

süß

von Angelika Schwalber

Sauerkirsch-Knusper-Dessert mit Sahnequark

Zutaten für 4 Personen

Für die Sauerkirschen:
250 g Sauerkirschen (tiefgekühlt)
2 EL Zucker
1 Stück Vanilleschote (ca. 2 cm)
2 cm Zimtstange
1 Streifen Bio-Zitronenschale
½ EL Speisestärke
2 EL Kirschsaft

Für den Sahnequark:
100 g Sahne
200 g Speisequark
2 EL Zucker
1 Msp. abgeriebene Bio-Zitronenschale
1 Msp. Vanillemark

Außerdem:
4 Stangen Giotto

1 Die Sauerkirschen mit dem Zucker, der Vanilleschote, der Zimtstange und der Zitronenschale bei milder Hitze aufkochen. Die Speisestärke mit dem Kirschsaft glatt rühren, unter die Sauerkirschen rühren und kurz köcheln lassen, bis die Kirschen sämig binden. Abkühlen lassen.

2 Für den Sahnequark die Sahne steif schlagen. Den Quark mit dem Zucker, der Zitronenschale und dem Vanillemark glatt rühren. Die geschlagene Sahne unterheben.

3 Die Hälfte der Kirschen auf vier Dessertgläser verteilen. Je 3 bis 4 Giottos zerbröseln und auf die Kirschen geben. Den Sahnequark darauf verteilen, dabei etwas Sahne zum Garnieren zurückbehalten. Die restlichen Kirschen auf die Gläser verteilen und nochmals eine Lage Giottos darüberbröseln. Zum Schluss jeweils mit 1 Tupfen Sahne und mit 1 Giotto verzieren und 30 Minuten kühl stellen.

Angelika Schwalber empfiehlt

Anstelle von tiefgekühlten Kirschen können Sie auch Kirschen aus dem Glas verwenden. Diese aber vor der Verarbeitung auf einem Sieb etwas abtropfen lassen und dann auch weniger bzw. keinen Zucker dazugeben. Schichtdesserts lassen sich generell toll mit anderen Früchten und Keksen variieren. Eine exotische Version erhalten Sie z.B. mit Raffaelo und Ananas. Weihnachtlich wird es mit Spekulatius und Pflaumen, frühlingshaft mit Amarettini und Rhabarber-Erdbeer-Kompott, edel mit Rocher und Banane.

Obstkörbchen mit frischen Beeren

Zutaten für 12 Stück

Für die Quarkfüllung:
80 g Speisequark
80 g Mascarpone
4 EL Zucker
1 EL Vanillepuddingpulver
80 g Sahne
1 Ei
1 Msp. Vanillemark
1 Msp. abgeriebene Bio-Zitronenschale
Salz

Für den Teig:
2 Packungen Blätterteig (à 275 g; aus dem Kühlregal; auf Backpapier ausgerollt)

Außerdem:
Mehl für die Formen
je 250 g Erdbeeren, Himbeeren, Brombeeren und Heidelbeeren
½ Päckchen heller Tortenguss

1 Den Backofen auf 200 °C vorheizen. Für die Quarkfüllung den Quark, den Mascarpone, 1 EL Zucker, das Puddingpulver und die Sahne verrühren. Das Ei trennen. Das Eigelb, das Vanillemark, die Zitronenschale und 1 Prise Salz unter die Quarkmasse rühren. Das Eiweiß mit dem restlichen Zucker zu cremigem Schnee schlagen und unter die Quarkmasse heben.

2 Zwei Mini-Gugelhupf-Backbleche (für je 6 Stück; Vertiefungen etwa 10 x 3 cm) leicht mit Mehl ausstäuben. Für den Teig aus dem Blätterteig 12 Kreise (à 12 cm Durchmesser) ausstechen und aus der Kreismitte nochmals je 1 kleinen Kreis (à 2,5 cm Durchmesser) ausstechen. Die Mini-Gugelhupfformen mit den entstandenen Teigringen auslegen.

3 Die Quarkfüllung in die Gugelhupfformen verteilen. Die Beeren verlesen und waschen. Die Erdbeeren putzen und je nach Größe halbieren oder vierteln. Die Beeren trocken tupfen. Ein Drittel der Beeren auf der Füllung verteilen. Die Törtchen im Ofen auf der mittleren Schiene 20 bis 25 Minuten backen.

4 Die Formen aus dem Ofen nehmen und die Obstkörbchen abkühlen lassen. Vorsichtig aus den Formen stürzen und die Törtchen mit den restlichen Beeren belegen. Den Tortenguss nach Packungsanweisung zubereiten, über den Beeren verteilen und fest werden lassen.

Angelika Schwalber empfiehlt

Für Mini-Gugelhupfe gibt es ganz verschiedene Backformen – große und kleine, aus Silikon oder Metall, für vierundzwanzig, achtzehn, zwölf oder sechs Stück. Alternativ können Sie auch ein Muffinblech verwenden. Achten Sie auf jeden Fall darauf, eine Form aus Metall zu verwenden, damit der Blätterteig auch gut durchbäckt. Für die Obstkörbchen ist es wichtig, dass die Gugelhupfe nicht zu klein sind, damit man sie noch mit Quark und Früchten füllen kann. Einen Durchmesser von etwa 10 cm sollten sie also schon haben.

Kleine Osternester mit bunten Eiern

Zutaten für 10 Stück

Für den Hefeteig:
500 g Mehl
60 g Zucker
1/2 TL Salz
1 Msp. Vanillemark
1 Msp. abgeriebene Bio-Zitronenschale
2 Msp. gemahlene Macis (Muskatblüte)
30 g frische Hefe
130 ml lauwarme Milch
2 Eier
100 g weiche Butter

Außerdem:
Mehl für die Arbeitsfläche
1 Eigelb
1–2 EL Milch
Hagelzucker und Mandelblättchen zum Bestreuen
10 hart gekochte gefärbte Eier

1 Für den Hefeteig Mehl, Zucker, Salz, Vanillemark, Zitronenschale und Macis in eine Schüssel geben. Die Hefe darüberbröckeln, die lauwarme Milch und die Eier dazugeben und alles etwas verkneten. Dann die weiche Butter dazugeben und alles mit den Knethaken des Handrührgeräts zu einem glatten Teig verkneten. Den Teig zugedeckt an einem warmen Ort etwa 15 Minuten gehen lassen.

2 Den Teig aus der Schüssel nehmen, mit den Händen nochmals kurz durchkneten und in 10 gleich große Stücke teilen. Die Teigstücke auf der leicht bemehlten Arbeitsfläche zu etwa 30 cm langen Strängen rollen und diese jeweils zu einem Knoten formen (siehe Tipp). Die Teigknoten auf ein mit Backpapier belegtes Backblech legen und nochmals 15 Minuten gehen lassen. Inzwischen den Backofen auf 180 °C vorheizen.

3 Das Eigelb mit der Milch verquirlen. Die Teigknoten dünn mit der Eigelb-Milch-Mischung bestreichen und mit Hagelzucker sowie Mandelblättchen bestreuen. In die Mitte jeweils 1 buntes Ei drücken und die Osternester im Ofen auf der mittleren Schiene etwa 20 Minuten backen. Herausnehmen und abkühlen lassen.

Angelika Schwalber empfiehlt

Zum Formen der Osternester legen Sie die Teigrollen einfach locker zu jeweils einem Knoten zusammen – dafür den Teig zu einem Kreis legen, die Enden übereinanderschlagen, das obere Ende unter dem Teigkreis hindurchschlingen und wieder nach oben durch die Mitte ziehen. Die fertig gebackenen Osternester können Sie z. B. auch noch in einem Körbchen mit Ostergras anrichten.

Hefezöpfchen mit Schokolade und Mandeln

1 Für den Hefeteig Mehl, Kakaopulver, Zucker, 1 Prise Salz, Vanillemark und Zitronenschale in eine Schüssel geben. Die Hefe darüberbröckeln, die lauwarme Milch und die Eier dazugeben und alles etwas verkneten. Dann die weiche Butter dazugeben und alles mit den Knethaken des Handrührgeräts zu einem glatten Teig verkneten. Den Teig zugedeckt an einem warmen Ort etwa 15 Minuten gehen lassen.

2 Den Teig aus der Schüssel nehmen, mit den Händen nochmals kurz durchkneten und in 9 gleich große Stücke teilen. Die Teigstücke auf der leicht bemehlten Arbeitsfläche zu etwa 30 cm langen Strängen rollen. Aus jeweils 3 Strängen einen Zopf flechten. Die Zöpfe auf ein mit Backpapier belegtes Backblech legen und nochmals 15 Minuten gehen lassen. Inzwischen den Backofen auf 180 °C vorheizen.

3 Das Eigelb mit der Milch verquirlen. Die Zöpfe mit der Eigelb-Milch-Mischung leicht bestreichen und mit Schokotropfen und Mandelblättchen bestreuen. Im Ofen auf der mittleren Schiene 15 bis 20 Minuten backen. Herausnehmen und abkühlen lassen.

Zutaten für 3 Stück

Für den Hefeteig:
500 g Mehl
2 EL Kakaopulver
60 g Zucker
Salz
1 Msp. Vanillemark
1 Msp. abgeriebene Bio-Zitronenschale
30 g frische Hefe
130 ml lauwarme Milch
2 Eier
100 g weiche Butter

Außerdem:
Mehl für die Arbeitsfläche
1 Eigelb
1–2 EL Milch
Schokotropfen und Mandelblättchen zum Bestreuen

Angelika Schwalber empfiehlt

Anstatt den Teig nur mit Schokotropfen und Mandelblättchen zu bestreuen, kann man diese auch direkt in den Teig miteinarbeiten. Hefezöpfe schmecken ganz frisch am besten, man sollte sie nicht zu lange aufbewahren, da sie schnell trocken werden. Bleibt doch einmal ein Rest übrig, kann man diesen in einer Plastiktüte (Gefrierbeutel) im Brotkasten oder unter einer Kuchenhaube aufbewahren.

Mini-Gugelhupf mit Erdbeeren

Zutaten für 24 Stück

Für die Gugelhupfmasse:
80 g weiche Butter
70 g Puderzucker
1 Msp. Vanillemark
½ TL abgeriebene Bio-Zitronenschale · Salz
1 Ei · 1 Eigelb
80 g Mehl
½ TL Backpulver

Für die Joghurtfüllung:
200 g Rahmjoghurt (10 % Fett)
1 Msp. abgeriebene Bio-Zitronenschale
1 EL Zitronensaft
100 g Sahne
1–2 EL Vanillezucker
1 Päckchen Sahnesteif

Außerdem:
Butter und Mehl für die Form
6 Erdbeeren

1 Für die Gugelhupfmasse den Backofen auf 180 °C vorheizen. Die Butter, den Puderzucker, das Vanillemark, die Zitronenschale und 1 Prise Salz leicht schaumig rühren. Das Ei und das Eigelb dazugeben. Zum Schluss das Mehl mit dem Backpulver sieben und unterheben.

2 Ein Mini-Gugelhupf-Backblech (für 24 Stück; Vertiefungen etwa 4 x 2 cm) mit Butter einfetten und mit Mehl ausstäuben. Die Teigmasse in einen Spritzbeutel mit großer Lochtülle geben und in die Vertiefungen des Backblechs füllen. Im Ofen auf der mittleren Schiene 15 bis 20 Minuten backen.

3 Inzwischen die Erdbeeren waschen, putzen und vierteln. Für die Joghurtfüllung den Joghurt mit der Zitronenschale und dem Zitronensaft verrühren. Die Sahne mit dem Vanillezucker und dem Sahnesteif steif schlagen und unter die Joghurtmasse heben. Die Joghurtsahne in einen Spritzbeutel mit Sterntülle geben.

4 Die Mini-Gugelhupfe aus dem Ofen nehmen, kurz abkühlen lassen und vorsichtig aus der Form stürzen. Je etwas Joghurtsahne in die Mitte eines Gugelhupfs spritzen und mit 1 Erdbeerviertel verzieren.

Angelika Schwalber empfiehlt

Damit sich die Mini-Gugelhupfe nach dem Backen noch leichter aus der Form lösen lassen, kann man die Backform außerdem mit Semmelbröseln ausstreuen, bevor man die Teigmasse in die Vertiefungen füllt. Beim Herauslösen der Gugelhupfe kann man noch vorsichtig mit einer Gabel nachhelfen. Wer möchte, setzt die Guglis vor dem Servieren in kleine Papierförmchen.

Kokoswaffeln mit Mango

Zutaten für ca. 10 Stück

1 kleine festfleischige Mango (ca. 250 g)
100 g Zucker
2 cl Kokoslikör (z. B. Batida de Coco; ersatzweise Milch)
250 g weiche Butter
4 Eier
1 Msp. Vanillemark
Salz
250 g Mehl
1 TL Backpulver
50 g Kokosraspel
1/8 l Milch
Puderzucker zum Bestäuben

1 Die Mango schälen, das Fruchtfleisch auf den flachen Seiten vom Stein schneiden und grob reiben. Ein Drittel des Zuckers und den Kokoslikör über das Mangofruchtfleisch geben und ziehen lassen.

2 Inzwischen die Butter mit den Quirlen des Handrührgeräts schaumig rühren. Die Eier trennen. Die Eigelbe mit dem Vanillemark unter die Butter rühren. Die Eiweiße mit 1 Prise Salz und dem restlichen Zucker zu steifem Schnee schlagen.

3 Den Eischnee unter die Buttermasse heben. Das Mehl mit dem Backpulver sieben und mit den Kokosraspeln, der Milch und der geriebenen Mango unter den Butterschaum rühren.

4 Das Waffeleisen vorheizen und aus dem Teig portionsweise jeweils 3 bis 4 Minuten knusprige Waffeln backen. Die Waffeln mit Puderzucker bestäubt servieren.

Angelika Schwalber empfiehlt

Die Mango sollte nicht zu reif sein, da sie sich dann nicht mehr gut reiben lässt. Im Sommer können Sie die Waffeln zur Abwechslung auch mit frischen Pfirsichen oder Aprikosen zubereiten. Fein dazu schmeckt Vanille- oder Zitroneneis.

Cupcake »Pfirsich Melba« mit Basilikum

1 Für die Cupcake-Masse den Backofen auf 180 °C vorheizen. Die Schokolade in kleine Stücke hacken. Die Basilikumblätter waschen und trocken tupfen. 12 Basilikumblätter für die Garnitur beiseitelegen. Das restliche Basilikum fein hacken.

2 Die Butter mit dem Puderzucker leicht schaumig rühren. Die Zitronenschale, das Vanillemark und 1 Prise Salz untermischen. Die Eier nach und nach dazugeben und unterrühren. Etwas Mehl und das gehackte Basilikum unterrühren. Das restliche Mehl mit dem Backpulver sieben und mit der gehackten Schokolade unter den Teig heben.

3 Die Weinbergpfirsiche waschen, halbieren, entsteinen und in Spalten schneiden. 12 Spalten für die Garnitur beiseitelegen. Ein Muffinblech mit Butter einfetten und die Hälfte der Cupcakemasse in die Vertiefungen füllen. Die Pfirsichspalten darauf verteilen und den restlichen Teig darübergeben. Die Cupcakes im Ofen auf der mittleren Schiene 20 bis 25 Minuten backen. Herausnehmen und abkühlen lassen.

4 Für die Himbeersahne die Himbeeren verlesen, waschen und trocken tupfen. 150 g Himbeeren für die Garnitur beiseitelegen. Die restlichen Himbeeren mit dem Stambixer pürieren und durch ein feines Sieb streichen. Den Zucker untermischen.

5 Die Sahne mit dem Sahnesteif steif schlagen und unter das Himbeerpüree heben. In einen Spritzbeutel mit Sterntülle füllen, auf jeden Cupcake 1 Sahnetupfen spritzen und mit den beiseitegelegten Himbeeren umranden. Mit je 1 Pfirsichspalte und 1 Basilikumblatt garnieren. (Rezeptfoto siehe S. 64/65.)

Zutaten für 12 Stück

Für die Cupcake-Masse:
60 g weiße Schokolade
20 große Basilikumblätter
220 g weiche Butter
200 g Puderzucker
1 Msp. abgeriebene Bio-Zitronenschale
1 Msp. Vanillemark
Salz · 4 Eier
200 g Mehl
2 TL Backpulver

Für die Himbeersahne:
250 g Himbeeren
2 EL Zucker
100 g Sahne
1 Päckchen Sahnesteif

Außerdem:
5 Weinbergpfirsiche
Butter für die Form

Angelika Schwalber empfiehlt

Um die Himbeeren zu entkernen, streicht man sie durch ein feines Sieb. Noch einfacher geht es mit der »Flotten Lotte«. Wen die Kerne nicht stören, der kann die Himbeeren auch einfach nur pürieren, dann wird die Himbeersahne allerdings nicht ganz so fein. Sollten Sie keine Weinbergpfirsiche bekommen, können Sie auch auf gängige Pfirsichsorten zurückgreifen.

Crumble-Cupcake »Tutti frutti«

Zutaten für 12 Stück

Für den Crumbleteig:
60 g Butterkekse
60 g Marzipanrohmasse
100 g gemahlene Mandeln
100 g Mehl · 100 g Zucker
1 Msp. abgeriebene Bio-Zitronenschale
1 Msp. Vanillemark · Salz
150 g weiche Butter (in kleinen Stücken)
300 g Sauerkirschen (tiefgekühlt)

Für die Vanillesahne:
4 EL Vanillepudding (frisch gekocht oder Fertigprodukt)
50 g Sahne
1/2 Päckchen Sahnesteif

Außerdem:
Butter für das Blech
ca. 750 g vorbereitete Früchte zum Belegen (z. B. 1 Kiwi, 12 Kirschen, 6 Erdbeeren, 2 Pfirsiche, 12 Himbeeren, 12 Heidelbeeren)
1 Päckchen klarer Tortenguss

1 Für den Crumbleteig die Butterkekse zerbröseln und das Marzipan in kleine Stücke schneiden. Mandeln, Mehl, Zucker, Zitronenschale, Vanillemark, 1 Prise Salz und die Butter in eine Schüssel geben und zu Streuseln kneten. Etwa 250 g davon abnehmen und kühl stellen.

2 Den Backofen auf 180 °C vorheizen. Ein Muffinblech mit Butter einfetten. Die Butterkekse und das Marzipan mit den restlichen Streuseln mischen und in die Vertiefungen des Muffinblechs füllen. Die Sauerkirschen darauf verteilen und die gekühlten Streusel darübergeben. Die Cupcakes im Ofen auf der mittleren Schiene 20 bis 25 Minuten backen. Herausnehmen und abkühlen lassen.

3 Für die Vanillesahne den Vanillepudding glatt rühren. Die Sahne mit dem Sahnesteif steif schlagen und unter den Pudding heben. In einen Spritzbeutel mit Lochtülle füllen, auf jeden Crumble-Cupcake einen kleinen Tupfen spritzen (oder mit einem Teelöffel walnussgroße Kleckse daraufsetzen) und mit Früchten belegen. Den Tortenguss nach Packungsanweisung zubereiten und über die Früchte geben. Fest werden lassen.

Angelika Schwalber empfiehlt

Für eine exotische Variante können Sie noch 40 g Kokosrapsel mit unter den Crumbleteig kneten und die fertig gebackenen Cupcakes mit Ananas-, Mango- und Bananenstücken belegen.

Spagatkrapfen mit flambierten Aprikosen

Zutaten für 16 Stück

Für die Spagatkrapfen:
200 g Mehl
1 EL Zucker
1 Msp. abgeriebene Bio-Zitronenschale
1 Msp. Vanillemark
Salz
2 Eigelb
3 EL Sahne
2 cl Rum
100 g weiche Butter

Für gefüllte Spagatkrapfen (4 Portionen):
3 Aprikosen
2 EL Puderzucker
1 EL Butter
2 cl Orangenlikör (z. B. Cointreau)
2 cl Rum (80 Vol.-%)
150 g Sahne
8 Spagatkrapfen
4 Kugeln Vanilleeis
4 Erdbeeren
4 Blätter Minze
Puderzucker zum Bestäuben

Außerdem:
Mehl für die Arbeitsfläche
Butterschmalz zum Ausbacken
Zimtzucker zum Wälzen

1 Für die Spagatkrapfen das Mehl auf die Arbeitsfläche sieben und in die Mitte eine Mulde drücken. Den Zucker mit der Zitronenschale, dem Vanillemark, 1 Prise Salz, den Eigelben, der Sahne und dem Rum in die Vertiefung geben. Die Butter in Stücken am Rand verteilen. Alles mit den Händen rasch zu einem glatten Teig verkneten, zu einem Rechteck formen, in Frischhaltefolie wickeln und mindestens 2 Stunden (am besten über Nacht) kühl stellen.

2 Den Teig auf der bemehlten Arbeitsfläche dünn zu einem Rechteck von 32 x 40 cm ausrollen, in 8 x 10 cm große Stücke teilen und nochmals kühl stellen.

3 Reichlich Butterschmalz in der Fritteuse oder einem hohen Topf auf 180 °C erhitzen – es ist heiß genug, wenn sich an einem hineingehaltenen Holzlöffelstiel Blasen bilden. Die Teigstücke einzeln in die Spagatkrapfenzange klemmen und im heißen Schmalz 2 bis 3 Minuten goldbraun ausbacken. Herausnehmen, auf Küchenpapier abtropfen lassen und noch warm im Zimtzucker wälzen.

4 Für gefüllte Spagatkrapfen die Aprikosen waschen, vierteln und entsteinen. Den Puderzucker in einer Pfanne bei mittlerer Hitze karamellisieren. Die Aprikosenviertel dazugeben, kurz im Karamell schwenken und die Butter hinzufügen. Mit dem Orangenlikör ablöschen und mit dem Rum flambieren.

5 Die Sahne steif schlagen, in einen Spritzbeutel mit Sterntülle geben und auf 4 Spagatkrapfen verteilen. Die Spagatkrapfen auf Teller geben, je 1 weiteren Spagatkrapfen mittig kreuzend daranstellen und je 1 Kugel Vanilleeis und 3 Aprikosenviertel davorsetzen.

6 Die Erdbeeren waschen, putzen, trocken tupfen und halbieren. Die Minzeblätter waschen und trocken tupfen. Die Spagatkrapfen mit Puderzucker bestäuben und mit Erdbeeren und Minzeblättern garnieren.

Angelika Schwalber empfiehlt

Spagatkrapfen lassen sich gut aufbewahren, daher lohnt es sich, gleich eine größere Menge herzustellen. Am besten legt man sie in eine Blechdose, dort werden sie schön mürbe und schmecken auch noch nach mehreren Tagen. Spagatkrapfenzangen erhalten Sie im Fachhandel oder im Internet.

Blätterteigrosen mit Zimt oder Vanille

1 Den Backofen auf 210 °C vorheizen. Ein Backblech mit Backpapier belegen. Mit einem runden kannelierten Ausstecher (4,5 cm Durchmesser) aus dem Blätterteig Kreise ausstechen. Jeden Teigkreis mit einem Messer über Kreuz zur Mitte hin etwa 1 ½ cm weit einschneiden (nicht ganz durchschneiden!). Leicht mit Eiweiß bestreichen und in den Zimt- oder Vanillezucker tauchen.

2 Die Blätterteigkreise nebeneinander auf das Backblech legen und im Ofen auf der mittleren Schiene etwa 10 Minuten backen. Nach etwa 5 Minuten mit einem Kochlöffelstiel in die Mitte der Teilchen eine Vertiefung drücken und fertig backen. Herausnehmen und abkühlen lassen.

3 Die Hälfte der Plätzchen dünn mit Puderzucker bestäuben. Die Konfitüre in einem kleinen Topf erwärmen und alle Plätzchen in der Mitte mit etwas Konfitüre füllen. Die mit Puderzucker bestäubten Plätzchen versetzt auf die nicht bestäubten Plätzchen setzen.

Zutaten für ca. 20 Stück

1 Packung Blätterteig (ca. 275 g; aus dem Kühlregal; auf Backpapier ausgerollt)
1 Eiweiß
etwas Zimt- oder Vanillezucker
3–4 EL rote Konfitüre (z. B. Johannisbeere, Sauerkirsche, Himbeere)
Puderzucker zum Bestäuben

Angelika Schwalber empfiehlt

Kannelierte Ausstecher sind runde Ausstecher, deren Rand gewellt ist. So erhält das Gebäck eine rosenähnliche Form. Alternativ kann man auch mit einem gewellten Teigrädchen Kreise ausschneiden, oder Sie verwenden andere Ausstechformen, z. B. Herzen.

Bauernrosen mit Weinschaum

Zutaten für 8–10 Stück

Für den Teig:
350–380 g Mehl
1 Msp. Vanillemark
40 g Zucker
Salz
1 Msp. abgeriebene Bio-Orangenschale
1 Msp. Zimtpulver
¼ l Milch
5 Eier

Für den Weinschaum:
¼ l Weißwein
½ Zimtstange
3 Gewürznelken
1 Sternanis
1 Streifen Bio-Zitronen- oder Orangenschale
2 Eigelb · 1 Ei
100–120 g Zucker (je nach Säure des Weins)

Außerdem:
Butterschmalz zum Ausbacken
Puderzucker zum Bestäuben

1 Für den Teig das Mehl mit Vanillemark, Zucker, 1 Prise Salz, Orangenschale und Zimt mischen. Die Milch unterrühren und zuletzt die Eier dazugeben. Alles zu einem glatten Teig verrühren.

2 Reichlich Butterschmalz in einem hohen Topf auf 180 °C erhitzen – es ist heiß genug, wenn sich an einem hineingehaltenen Holzlöffelstiel Blasen bilden. Ein Rosenküchleeisen 20 Minuten vor dem ersten Backen im Schmalz erhitzen.

3 Das Eisen aus dem Topf nehmen und durch Klopfen vom überschüssigen Schmalz befreien. Dann in den Teig tauchen, bis eine dünne Teigschicht am Eisen haften bleibt, und unter leichtem Schwenken wieder ins Schmalz tauchen. Das am Eisen haftende Küchle backen, bis es sich ablöst. Zwischendurch wenden und auf der anderen Seite kurz weiterbacken. Mit dem Schaumlöffel herausheben und auf einem Kuchengitter abtropfen lassen. Mit Puderzucker bestäuben. Auf diese Weise aus dem restlichen Teig weitere Rosenküchle backen.

4 Für den Weinschaum den Wein in einem Topf erhitzen. Die Gewürze in ein Gewürzsäckchen füllen und im Wein 15 Minuten ziehen lassen. Das Gewürzsäckchen wieder herausnehmen. Den Gewürzwein mit Eigelben, Ei und Zucker in einer Metallschüssel glatt rühren und mit dem Schneebesen im heißen Wasserbad dickschaumig aufschlagen. Den Weinschaum zu den Bauernrosen servieren.

Angelika Schwalber empfiehlt

Rosenküchle sind ein Klassiker der schwäbischen Küche. Um sie zu backen, benötigt man ein spezielles Eisen, das man im Fachhandel oder im Internet kaufen kann. Wenn man das Roseneisen aus dem heißen Fett nimmt und in den Teig taucht, sollte man darauf achten, das Eisen nicht ganz einzutauchen, sondern maximal bis zu zwei Dritteln.

Geeiste Himbeerlollis mit Schokosplittern

Zutaten für ca. 12 Stück

300 g Himbeeren
1 Eigelb
7–8 EL Puderzucker
120 g Naturjoghurt
1 Msp. abgeriebene Bio-Zitronenschale
1 Msp. Vanillemark
80 g Sahne
1 EL Schokosplitter (zartbitter)
12 Lollipop-Stiele
3 Blatt Gelatine
½ TL Pektin
2 cl Himbeerlikör oder -sirup
1 EL Zitronensaft

1 Die Himbeeren verlesen, waschen und trocken tupfen. 12 Himbeeren beiseitelegen. Die restlichen Himbeeren mit dem Stabmixer pürieren und durch ein feines Sieb streichen.

2 Das Eigelb mit 4 EL Puderzucker schaumig rühren. Den Joghurt, die Zitronenschale und das Vanillemark dazugeben. Die Sahne steif schlagen und mit den Schokosplittern unterheben. Die Vertiefungen einer Silikonbackform (für 12 Halbkugeln à 4 cm Durchmesser) zur Hälfte mit der Creme füllen. Die beiseitegelegten Himbeeren mit ein wenig Creme auf Lollistiele stecken (so halten die Himbeeren besser auf den Stielen) und zur Hälfte so in die Creme tauchen, dass die Lollistiele zur Seite zeigen. Etwa 1 bis 2 Stunden tiefkühlen.

3 Die gefrorenen Beeren-Halbkugeln aus der Form lösen. Die restliche Creme in die Vertiefungen füllen und die Lollis mit der Beerenseite in die Creme drücken. Weitere 3 Stunden gefrieren lassen.

4 Die Gelatine in kaltem Wasser einweichen. Das Pektin mit dem restlichen Puderzucker mischen, dann mit dem Himbeerpüree, dem Likör oder Sirup und dem Zitronensaft aufkochen. Die Gelatine gut ausdrücken und im heißen Püree unter Rühren auflösen. Das Püree abkühlen lassen und in ein hohes Glas füllen.

5 Die Lollis aus der Form lösen, in das Püree tauchen und kurz fest werden lassen. Die Stiele in eine Styroporplatte stecken und noch mal kurz gefrieren lassen oder sofort genießen.

Angelika Schwalber empfiehlt

Pektin ist ein natürlicher Ballaststoff, der in Obst vorkommt, in größeren Mengen z.B. in Äpfeln und Zitrusfrüchten. Man kann (Apfel-)Pektin im Reformhaus, in der Apotheke oder auch in gut sortierten Supermärkten kaufen – und natürlich im Internet. Dort findet man auch Silikonbackformen für Halbkugeln, die nicht nur unerlässlich sind, um Lollis herzustellen, auch für Bonbons, Cakepops und Pralinen eignen sie sich wunderbar.

Eierschecke mit Rhabarber und Erdbeeren

1 Für den Hefeteig Mehl, Zucker, 1 Prise Salz, Vanillemark, Zitronenschale und Ingwer in einer Schüssel mischen. Die Hefe darüberbröckeln, die lauwarme Milch und das Ei dazugeben und alles kurz miteinander verrühren. Dann die weiche Butter dazugeben und alles mit den Knethaken des Handrührgeräts zu einem glatten Teig verkneten. Den Teig zugedeckt an einem warmen Ort etwa 15 Minuten gehen lassen.

2 Inzwischen für den Belag den Backofen auf 200 °C vorheizen. Den Rhabarber putzen, waschen, schälen und in etwa 2 cm breite Stücke schneiden. Mit der Vanilleschote und dem Zucker mischen und in eine ofenfeste Form geben. Im Ofen auf der mittleren Schiene 15 bis 20 Minuten bissfest garen. Herausnehmen und abkühlen lassen. Die Erdbeeren waschen, putzen und halbieren.

3 Für die Quarkfüllung alle Zutaten mit den Quirlen des Handrührgeräts zu einer glatten Creme verrühren. Für die Butterschaummasse die Butter schaumig rühren. Den Vanillepudding untermischen, nach und nach die Eier dazugeben und unterrühren. Mit dem Vanillemark, der Zitronenschale und 1 Prise Salz würzen, die heiße Sahne und zuletzt das Mehl unterrühren.

4 Die Backofentemperatur auf 180 °C herunterschalten. Den Hefeteig auf der bemehlten Arbeitsfläche rechteckig (20 x 30 cm) ausrollen, auf ein mit Backpapier belegtes Backblech legen und einen Backrahmen um den Teig stellen. Den Rhabarber und die Erdbeeren in zwei Streifen der Länge nach auf dem Hefeteig verteilen. Die Quarkfüllung daraufgeben. Die Butterschaummasse in einen Spritzbeutel mit Sterntülle füllen und auf die Quarkmasse spritzen. Die Schnitte auf der mittleren Schiene 30 bis 35 Minuten backen.

5 Die Schnitte aus dem Ofen nehmen und kurz abkühlen lassen. Noch warm mit der flüssigen Butter bestreichen und mit dem Zimtzucker bestreuen. Abkühlen lassen. Die Erdbeeren für die Garnitur waschen und putzen. Die kalte Rhabarber-Erdbeer-Eierschecke in 10 x 5 cm große Stücke schneiden und jeweils mit 1 Erdbeere garnieren.

Zutaten für 12 Stücke

Für den Hefeteig:
150 g Mehl · 30 g Zucker
Salz · 1 Msp. Vanillemark
1 Msp. abgeriebene Bio-Zitronenschale
2 Msp. geriebener Ingwer
15 g frische Hefe
50 ml lauwarme Milch
1 Ei · 20 g weiche Butter

Für den Belag:
250 g Rhabarber
1 Stück Vanilleschote (ca. 2 cm)
1 EL Zucker
250 g Erdbeeren

Für die Quarkfüllung:
200 g Speisequark
1 Ei · 3 EL Zucker
2 gestr. TL Vanillepuddingpulver
60 ml Milch
40 g flüssige Butter
1 Prise Salz · 1 Msp. Vanillemark
1 Msp. abgeriebene Bio-Zitronenschale

Für die Butterschaummasse:
150 g weiche Butter
3 EL Vanillepudding (selbst gekocht oder Fertigprodukt)
2 Eier · 1 Msp. Vanillemark
1 Msp. abgeriebene Bio-Zitronenschale
Salz · 3 EL heiße Sahne
1 EL Mehl

Außerdem:
Mehl für die Arbeitsfläche
20 g flüssige Butter
2 EL Zimtzucker
ca. 12 Erdbeeren zum Garnieren

Aprikosenkuchen mit Knuspermandeln

Zutaten für 10 Stücke

Für den Mürbeteig:
160 g Mehl
60 g Puderzucker
1 Msp. abgeriebene Bio-Zitronenschale
1 Msp. Vanillemark
Salz
3 EL gemahlene Pistazien
1 Eigelb
140 g weiche Butter

Für die Marzipanfüllung:
100 g Marzipanrohmasse
3 EL Zucker
50 g Butter
2 EL Mehl
1 Eigelb

Für die Knuspermandeln:
60 g Mandelblättchen
1 EL Zucker
½ EL Sahne

Außerdem:
350 g Aprikosen
Butter für die Form
Mehl für die Arbeitsfläche

1 Am Vortag für den Mürbeteig das Mehl auf die Arbeitsfläche sieben und in die Mitte eine Mulde drücken. Den Puderzucker mit der Zitronenschale, dem Vanillemark, 1 Prise Salz, den Pistazien und dem Eigelb in die Vertiefung geben. Die Butter in Stücken am Rand verteilen. Alles mit den Händen rasch zu einem glatten Teig verkneten, zu einem Rechteck formen, in Frischhaltefolie wickeln und über Nacht kühl stellen.

2 Am nächsten Tag den Backofen auf 180 °C vorheizen. Für die Marzipanfüllung das Marzipan, den Zucker, die Butter, das Mehl und das Eigelb mit den Knethaken des Handrührgeräts oder mit den Händen zu einer glatten Masse verkneten. Für die Knuspermandeln die Mandelblättchen grob zerkleinern und gut mit dem Zucker und der Sahne mischen.

3 Die Aprikosen waschen, halbieren und entsteinen. Eine Tarteform (22 cm Durchmesser) mit Butter einfetten. Den Mürbeteig auf der bemehlten Arbeitsfläche 2 bis 3 cm größer als die Tarteform ausrollen und die Form damit auslegen. Die Hälfte der Marzipanmasse auf den Mürbeteig streichen und mit den Aprikosen belegen. Die restliche Füllung darauf verteilen und mit den Knuspermandeln bestreuen. Den Aprikosenkuchen im Ofen auf der mittleren Schiene 40 bis 45 Minuten backen. Herausnehmen und abkühlen lassen.

Angelika Schwalber empfiehlt

Gemahlene Pistazien sind in einigen Supermärkten und Reformhäusern erhältlich, ersatzweise kann man aber auch gemahlene Mandeln verwenden oder ganze Pistazien kaufen und diese selber mahlen bzw. sehr fein hacken. Im Herbst kann man den Kuchen auch gut mit Zwetschgen oder Pflaumen backen. In jedem Fall passt dazu sehr gut eine leicht geschlagene (Vanille-)Sahne.

Ananastarte mit Kokoscreme

Zutaten für 10 Stücke

Für den Mürbeteig:
150 g Mehl · 5 EL Puderzucker
1 Msp. abgeriebene Bio-Zitronenschale · 1 Msp. Vanillemark
Salz · 1 Eigelb · 90 g weiche Butter

Für den Belag:
¼ Ananas · 1 EL brauner Zucker
1 EL weiche Butter
1 cl Orangenlikör (z. B. Cointreau)

Für die Kokoscreme:
70 g weiche Butter · 60 g Puderzucker · 1 Ei · 70 g Kokosraspel
20 g Paradiescremepulver Vanille (Fertigprodukt) · 60 ml Milch
1 Msp. abgeriebene Bio-Zitronenschale
1 Msp. Vanillemark · Salz

Für den Guss:
4 EL Milch · 1 Ei
2 EL Zucker · 80 g Sahne
2 EL Ananasstücke
1 Msp. Vanillemark
1 Msp. abgeriebene Bio-Zitronenschale · 1 Prise Salz

Für die Smoothie-Sahne:
1 Blatt Gelatine
80 ml Maracuja-Smoothie (Fertigprodukt)
1 EL Zitronensaft · 120 g Sahne

Außerdem:
Butter für die Form
Mehl für die Arbeitsfläche
50 g Aprikosenkonfitüre (ohne Stücke) · 1 Scheibe Ananas
100 g geschlagene Sahne zum Garnieren

1 Für den Mürbeteig das Mehl auf die Arbeitsfläche sieben und in die Mitte eine Mulde drücken. Den Puderzucker mit der Zitronenschale, dem Vanillemark, 1 Prise Salz und dem Eigelb in die Vertiefung geben. Die Butter in Stücken am Rand verteilen. Alles mit den Händen rasch zu einem glatten Teig verkneten, zu einem Rechteck formen, in Frischhaltefolie wickeln und 1 Stunde kühl stellen.

2 Den Backofen auf 180 °C vorheizen. Für den Belag die Ananas schälen, den Strunk entfernen und das Fruchtfleisch in Stücke schneiden. Die Ananas mit dem braunen Zucker, der Butter und dem Likör in einer ofenfesten Form mischen und im Ofen auf der mittleren Schiene 20 Minuten garen.

3 Für die Kokoscreme die Butter und den Puderzucker leicht schaumig rühren. Das Ei unterrühren. Die Kokosraspel und das Paradiescremepulver mischen. Mit der Milch, der Zitronenschale, dem Vanillemark und 1 Prise Salz unter die Butter rühren.

4 Für den Guss alle Zutaten in einer Schüssel verrühren. Für die Smoothie-Sahne die Gelatine in kaltem Wasser einweichen. 2 EL Maracuja-Smoothie in einem kleinen Topf erwärmen. Die Gelatine gut ausdrücken und darin unter Rühren auflösen, dann unter den restlichen Smoothie rühren und den Zitronensaft hinzufügen. Kühl stellen. Die Sahne steif schlagen. Sobald die Smoothie-Masse zu gelieren beginnt, die Sahne unterheben.

5 Einen Tortenring (20 cm Durchmesser) auf ein Backpapier stellen, die Smoothie-Sahne hineingeben und gleichmäßig verstreichen. Mit einem gezackten Teigschaber wellenförmig Rillen daraufzeichen und im Tiefkühlfach fest werden lassen.

6 Eine Tarteform (24 cm Durchmesser) mit Butter einfetten. Den Mürbeteig auf der bemehlten Arbeitsfläche 2 bis 3 cm größer als die Tarteform ausrollen und die Form damit auslegen. Die Kokoscreme auf dem Teig verstreichen. Die Ananasstücke darauf verteilen und den Guss darübergeben. Die Tarte im Ofen auf der mittleren Schiene 40 bis 45 Minuten backen. Herausnehmen und abkühlen lassen.

7 Die Tarte vorsichtig aus der Form lösen. Die gefrorene Smoothie-Sahne aus dem Tortenring lösen und auf die Tarte legen. Mit der Aprikosenkonfitüre bestreichen. Die Ananasscheibe in die Mitte legen, die geschlagene Sahne in einen Spritzbeutel mit Sterntülle geben und den Rand mit Sahnetupfen garnieren.

Johannisbeerschaum-Tarte mit Vanille

Zutaten für 12 Stücke

Für den Mürbeteig:
200 g Mehl
60 g Puderzucker
1 Msp. abgeriebene Bio-Zitronenschale
1 Msp. Vanillemark
Salz
1 Eigelb
140 g weiche Butter

Für die Füllung:
400 g Johannisbeeren (weiß, rot, schwarz; frisch oder tiefgekühlt)
3 Eiweiß
150 g Zucker
Salz
1 Msp. abgeriebene Bio-Zitronenschale
1 Msp. Vanillemark

Außerdem:
Butter für die Form
Mehl für die Arbeitsfläche
getrocknete Hülsenfrüchte zum Blindbacken
Puderzucker zum Bestäuben

1 Für den Mürbeteig das Mehl auf die Arbeitsfläche sieben und in die Mitte eine Mulde drücken. Den Puderzucker mit der Zitronenschale, dem Vanillemark, 1 Prise Salz und dem Eigelb in die Vertiefung geben. Die Butter in Stücken am Rand verteilen. Alles mit den Händen rasch zu einem glatten Teig verkneten, zu einem Rechteck formen, in Frischhaltefolie wickeln und 1 Stunde kühl stellen.

2 Den Backofen auf 180 °C vorheizen. Eine Tarteform (22 cm Durchmesser) mit Butter einfetten. Den Mürbeteig auf der bemehlten Arbeitsfläche 2 bis 3 cm größer als die Tarteform ausrollen und die Form damit auslegen. Den Teigboden mit einer Gabel mehrmals einstechen, mit Backpapier belegen, mit Hülsenfrüchten auffüllen und im Ofen auf der mittleren Schiene etwa 15 Minuten blindbacken. Das Backpapier mit den Hülsenfrüchten entfernen. Den Tarteboden abkühlen lassen.

3 Für die Füllung frische Johannisbeeren verlesen, waschen, gut abtropfen lassen und die Beeren mit einer Gabel von den Rispen streifen. Gefrorene Beeren auftauen lassen.

4 Die Eiweiße mit der Hälfte des Zuckers und 1 Prise Salz zu festem Eischnee schlagen, dabei den restlichen Zucker einrieseln lassen. Die Zitronenschale und das Vanillemark dazugeben. Die Johannisbeeren unterheben und gleichmäßig auf dem Tarteboden verteilen.

5 Die Tarte im Ofen auf der mittleren Schiene 20 bis 25 Minuten fertig backen. Herausnehmen und abkühlen lassen. Die Johannisbeerschaum-Tarte vorsichtig aus der Form lösen, leicht mit Puderzucker bestäuben und in 12 Stücke schneiden.

Angelika Schwalber empfiehlt

Damit Eiweiß beim Schlagen richtig schön fest wird, ist es wichtig, dass die Eier zunächst sauber getrennt werden und sich kein Eigelb mit unter das Eiweiß mischt. Sowohl die Schüssel als auch die Quirle des Handrührgeräts müssen sauber und vor allem fettfrei sind. Außerdem sollte man den Zucker nicht auf einmal hineingeben, sondern zunächst nur einen Teil und den Rest langsam unter Rühren einrieseln lassen.

Torte »Himbeerli« mit Lemon Curd und Majoran

1 Für den Biskuit den Backofen auf 210 °C vorheizen. Das Mehl und die Speisestärke in eine Schüssel sieben. Die Eier trennen. Die Eiweiße mit dem Zucker und 1 Prise Salz zu einem cremigem Schnee schlagen. Die Eigelbe, das Vanillemark und die Zitronenschale unter den Eischnee rühren. Die Mehlmischung unterheben. Zuletzt die flüssige Butter unterrühren.

2 Die Größe des Tortenrings (22 cm Durchmesser) mit einem Bleistift auf ein Backpapier zeichnen, ein Drittel der Teigmasse daraufgeben und glatt streichen. Im Ofen auf der mittleren Schiene 4 bis 5 Minuten backen. Herausnehmen und abkühlen lassen. Aus dem restlichen Teig auf dieselbe Weise 2 weitere Biskuitböden backen.

3 Für die Sahnefüllung den Majoran waschen und trocken tupfen, 1 Stiel für die Garnitur beiseitelegen. Die Milch mit dem Zucker und dem Majoran aufkochen und einige Minuten ziehen lassen. Die Gelatine in kaltem Wasser einweichen.

4 Die Eigelbe in einer Schüssel verquirlen. Die heiße Milch unter ständigem Rühren dazugießen, dabei den Majoran entfernen. Die Gelatine gut ausdrücken und in der Eiermilch auflösen. Quark, Vanillemark, Zitronenschale und 1 Prise Salz untermischen und die Masse kühl stellen. Die Sahne steif schlagen. Sobald die Quarkmasse zu gelieren beginnt, die Sahne unterheben.

5 Die Himbeeren verlesen, waschen und trocken tupfen. Eine Himbeere für die Garnitur beiseitelegen. Die Biskuitböden mit dem Tortenring sauber ausstechen, sodass die Böden gleichmäßig rund sind und einen geraden Rand haben. Einen Boden auf eine Tortenplatte legen und mit 1 bis 2 EL Lemon Curd bestreichen. Den zweiten Boden darauflegen. Den leicht geölten und gezuckerten Tortenring darum herumstellen und auf den zweiten Boden 1 bis 2 TL Lemon Curd streichen. Mit den Himbeeren dicht belegen und die Quarkmasse darauf verteilen.

6 Den dritten Boden in 12 Tortenstücke vorschneiden bzw. markieren und auf die Quarkschicht legen. Die Torte 2 bis 3 Stunden kühl stellen. Vor dem Servieren mit Puderzucker bestäuben und die Mitte der Torte mit der Himbeere und dem Majoranstiel verzieren.

Zutaten für 12 Stücke

Für den Biskuit:
60 g Mehl
2 EL Speisestärke
3 Eier
70 g Zucker
Salz
1 Msp. Vanillemark
1 Msp. abgeriebene Bio-Zitronenschale
40 g flüssige Butter

Für die Sahnefüllung:
3–4 Stiele Majoran
50 ml Milch
4 EL Zucker
3 Blatt Gelatine
2 Eigelb
250 g Speisequark
1 Msp. Vanillemark
1 Msp. abgeriebene Bio-Zitronenschale
Salz
300 g Sahne

Außerdem:
400 g Himbeeren
2–3 EL Lemon Curd (engl. Zitronencreme)
Öl und Zucker für den Tortenring
Puderzucker zum Bestäuben

Schoko-Kirsch-Törtchen auf Schwarzwälder Art

Zutaten für 8 Stück

Für den Schokoladenbiskuit:
50 g Mehl
30 g Speisestärke
1 TL Backpulver
20 g Kakaopulver
3 Eier
90 g Zucker
Salz
1 Msp. abgeriebene Bio-Zitronenschale
1 Msp. Vanillemark
1 EL Öl

Für die Kirschfüllung:
200 g Sauerkirschen (tiefgekühlt)
1 EL Speisestärke
120 ml Kirschsaft
1–2 EL Zucker

Für die Kirschwassertränke:
60 ml Kirschsaft
2–3 EL Kirschwasser

Für die Kirschwassersahne:
3–4 EL Kirschwasser
1 Msp. Vanillemark
400 g Sahne
1 1/2 Päckchen Sahnesteif
3 EL Puderzucker

Außerdem:
Zucker zum Bestreuen
Schokospäne zum Garnieren

1 Für den Schokoladenbiskuit den Backofen auf 200 °C vorheizen. Das Mehl, die Speisestärke, das Backpulver und das Kakaopulver in eine Schüssel sieben und mischen. Die Eier trennen. Die Eiweiße mit dem Zucker und 1 Prise Salz zu cremigem Schnee schlagen. Die Eigelbe, die Zitronenschale und das Vanillemark unter den Eischnee rühren. Die Mehlmischung unterheben. Zuletzt das Öl und 2 EL heißes Wasser unterrühren.

2 Den Teig auf ein mit Backpapier belegtes Backblech geben und gleichmäßig darauf verteilen. Im Ofen auf der mittleren Schiene 10 bis 12 Minuten backen. Herausnehmen, mit Zucker bestreuen und auf ein Backpapier stürzen.

3 Für die Kirschfüllung die Kirschen auftauen und auf einem Sieb abtropfen lassen, 8 Kirschen für die Garnitur beiseitelegen. Die Speisestärke mit 2 EL Kirschsaft glatt rühren. Den restlichen Saft mit dem Zucker aufkochen. Die Speisestärke unterrühren und kurz köcheln lassen, bis der Saft leicht sämig bindet. Die Kirschen dazugeben und abkühlen lassen.

4 Für die Kirschwassertränke den Kirschsaft und das Kirschwasser mischen. Für die Kirschwassersahne das Kirschwasser mit dem Vanillemark verrühren. Die Sahne mit dem Sahnesteif und dem Puderzucker steif schlagen.

5 Aus dem Biskuitboden mit einem runden Ausstecher (7,5 cm Durchmesser) 16 Kreise ausstechen. Auf der Hälfte der Kreise mittig die Kirschen verteilen und mit den restlichen Kreisen kuppelförmig bedecken. Jeweils mit etwas Kirschwassertränke beträufeln und rundum mit der Kirschwassersahne einstreichen. Die restliche Sahne in einen Spritzbeutel füllen und die Törtchen mit je 1 Sahnetupfen garnieren. Mit Schokospänen und je 1 Kirsche verzieren.

Mohn-Apfel-Ecken mit Himbeerspiegel

Zutaten für 12 Stück

Für den Himbeerspiegel:
1 Blatt Gelatine
1 Msp. Pektin
1 EL Zucker
140 g Himbeeren (tiefgekühlt; aufgetaut)
1 TL Zitronensaft

Für den Teig:
100 g weiße Schokolade
100 g Apfelmus
75 ml Öl · 2 Eier
50 g Puderzucker
1 Msp. Vanillemark
1 TL abgeriebene Bio-Zitronenschale
Salz · 200 g Mehl
1 TL Backpulver

Für die Sahnefüllung:
120 ml Milch
3 EL Zucker
1 1/2 EL Vanillepuddingpulver
150 g saure Sahne
1 EL gemahlener Mohn
2 Blatt Gelatine
150 g Sahne

Außerdem:
Butter für den Backrahmen
1 großer Apfel
12 Himbeeren zum Garnieren

1 Am Vortag für den Himbeerspiegel die Gelatine in kaltem Wasser einweichen. Das Pektin mit dem Zucker mischen. Die Himbeeren mit dem Stabmixer pürieren und durch ein feines Sieb streichen. Das Himbeerpüree mit der Zucker-Pektin-Mischung in einem Topf aufkochen. Die Gelatine gut ausdrücken und unter Rühren darin auflösen. Den Zitronensaft dazugeben und alles über Nacht abkühlen lassen.

2 Am nächsten Tag für den Teig den Backofen auf 180 °C vorheizen. Die Schokolade klein hacken. Das Apfelmus erwärmen und die Schokolade darin schmelzen. Das Öl mit Eiern und Puderzucker mit den Quirlen des Handrührgeräts schaumig schlagen. Vanillemark, Zitronenschale und 1 Prise Salz dazugeben. Das Schokoladen-Apfelmus unterrühren. Das Mehl mit dem Backpulver sieben und unterheben.

3 Einen gefetteten Backrahmen (etwa 20 x 25 cm) auf ein mit Backpapier belegtes Backblech stellen und die Hälfte des Teigs hineinstreichen. Den Apfel vierteln, schälen, entkernen, in kleine Stücke schneiden und auf dem Teig verteilen. Den restlichen Teig darübergeben. Im Ofen auf der mittleren Schiene etwa 30 Minuten backen. Herausnehmen und abkühlen lassen.

4 Für die Sahnefüllung 100 ml Milch mit dem Zucker aufkochen. Das Puddingpulver mit der übrigen Milch glatt rühren. Unter die köchelnde Milch rühren und zu einem Pudding kochen. Die saure Sahne und den Mohn dazugeben. Mit Frischhaltefolie bedeckt kühl stellen.

5 Die Gelatine in kaltem Wasser einweichen. Die Sahne steif schlagen. Die Gelatine ausdrücken und in einem Topf unter Rühren auflösen. Vom Herd nehmen und die Gelatine mit 2 bis 3 EL Pudding glatt rühren. Mit der Sahne unter den restlichen Pudding heben. Auf die Apfelschnitte streichen und 2 bis 3 Stunden kühl stellen.

6 Die Apfelschnitte mit dem Himbeerspiegel bestreichen und in 12 Stücke schneiden. Dafür zuerst in zwei Streifen à 10 x 25 cm, dann in eckige Stücke à 8 x 10 cm schneiden und diese nochmals schräg halbieren, sodass Dreiecke entstehen. Mit je 1 Himbeere garnieren.

Angelika Schwalber empfiehlt

Backrahmen sind ideal für Gebäck, das erstens nicht auf Blechgröße gebacken wird und zweitens mehrere Schichten hat. Die Rahmen sind im Fachhandel oder online erhältlich und meist in Länge und Breite verstellbar.

Cappuccino-Ringe mit Aprikosen

1 Für den Brandteig den Backofen auf 210 °C vorheizen. Ein Backblech mit Backpapier belegen. Die Milch mit 100 ml Wasser in einem Topf aufkochen. Das Mehl dazugeben und mit einem Kochlöffel rühren, bis sich ein weißer Belag am Topfboden bildet (»abbrennen«). Die Masse in eine Schüssel geben und etwas abkühlen lassen.

2 Die Eier nach und nach mit den Quirlen des Handrührgeräts unter den Brandteig rühren. Zitronenschale, Vanillemark und 1 Prise Salz unterrühren. Den Teig in einen Spritzbeutel mit mittlerer Sterntülle geben und Ringe (etwa 7 cm Durchmesser) auf das Backblech spritzen. Das Blech mit ein paar Spritzern Wasser befeuchten. Die Teigringe im Ofen auf der mittleren Schiene etwa 20 Minuten backen. Herausnehmen und abkühlen lassen.

3 Für die Glasur das Kaffeepulver mit der Milch und dem Puderzucker glatt rühren und die Ringe damit bestreichen.

4 Für die Sahnefüllung die Aprikosen auf einem Sieb abtropfen lassen. Das Kaffeepulver mit Vanillemark, Amaretto und Puderzucker mischen. Die Sahne mit dem Sahnesteif und dem Zucker steif schlagen und unter die Kaffeemischung heben.

5 Die Brandteigringe mit einem Messer quer halbieren. Die Aprikosenhälften halbieren und auf die unteren Hälften der Brandteigringe legen. Die Kaffeesahne in einen Spritzbeutel mit mittlerer Sterntülle geben und auf die Aprikosen spritzen. Die glasierten oberen Hälften der Ringe darauflegen.

Zutaten für ca. 20 Stück

Für den Brandteig:
100 ml Milch
160 g Mehl
3 Eier
1 Msp. abgeriebene Bio-Zitronenschale
1 Msp. Vanillemark
Salz

Für die Glasur:
½ EL Instant-Kaffeepulver
2 EL Milch
ca. 80 g Puderzucker

Für die Sahnefüllung:
2 Dosen Aprikosenhälften (à 410 g Abtropfgewicht)
1–2 EL Instant-Kaffeepulver
1 Msp. Vanillemark
3 cl Amaretto (ital. Mandellikör)
3 EL Puderzucker
400 g Sahne
2 Päckchen Sahnesteif
1 EL Zucker

Angelika Schwalber empfiehlt

Brandteig ist die Basis für luftiges Gebäck wie Windbeutel oder Eclairs. Seinen Namen hat er, weil er in einem Topf »abgebrannt« wird. Danach werden Eier untergerührt – dabei ist etwas Geduld gefragt, da sich Eier und Teig nicht gleich verbinden, am Ende entsteht jedoch eine glänzende geschmeidige Masse. Beim Backen hilft Feuchtigkeit dem Teig, besser aufzugehen, daher am besten etwas Wasser auf das Backblech geben oder in einer Schale auf den Ofenboden stellen. Die Ofentür während des Backens nicht öffnen, da der Teig sonst zusammenfällt. Die Cappuccino-Ringe kann man auch sehr gut auf Vorrat machen. Dann einfach ungefüllt und unglasiert einfrieren.

Cakepop-Herzen und -Sterne mit zweierlei Frosting

Zutaten für ca. 20 Stück

Für den Sandkuchenteig:
60 g weiche Butter
100 g Puderzucker
1 Msp. abgeriebene Bio-Zitronenschale
1 Msp. Vanillemark · Salz
1 Ei · 1 Eigelb · 180 g Mehl
1 TL Backpulver · ca. 50 ml Milch

Für das Vanille-Frosting:
60 g weiche Butter
60 g Frischkäse
100 g Puderzucker
1 Msp. Vanillemark
1–2 EL Milch (oder Rum)

Für das Orangen-Zimt-Frosting:
60 g weiche Butter
100 g Puderzucker
1 Msp. Vanillemark
1–2 EL Milch (oder Orangenlikör)
1 TL abgeriebene Bio-Orangenschale
½ TL Zimtpulver

Außerdem:
Butter und Mehl für die Form
ca. 20 Cakepop-Stiele
ca. 250 g rote und gelbe Kuvertüre-Schmelzdrops
Zuckerperlen, Zuckerherzen und -sterne, Glitzerpulver
(siehe Tipp S. 98)

1 Für den Sandkuchenteig den Backofen auf 180 °C vorheizen. Die Butter mit dem Puderzucker leicht schaumig rühren. Die Zitronenschale, das Vanillemark und 1 Prise Salz untermischen. Das Ei und das Eigelb nach und nach unterrühren. Das Mehl mit dem Backpulver sieben und unterheben. Zuletzt die Milch unterrühren.

2 Eine Kastenform (10 x 30 cm; ersatzweise eine Springform mit 20 cm Durchmesser) mit Butter einfetten und mit Mehl ausstäuben. Den Teig hineinfüllen und im Ofen auf der mittleren Schiene 30 bis 35 Minuten backen. Herausnehmen, auf ein Kuchengitter stürzen und abkühlen lassen.

3 Für das Vanille-Frosting alle Zutaten sehr schaumig schlagen. Falls nötig, etwas mehr Milch oder Rum dazugeben. Für das Orangen-Zimt-Frosting ebenfalls alle Zutaten sehr schaumig schlagen.

4 Den Sandkuchen zerbröseln. Die Hälfte der Brösel mit dem Vanille-Frosting mischen, den Rest mit dem Orangen-Frosting. Die Masse jeweils zwischen zwei Lagen Frischhaltefolie ½ cm dick ausrollen und mit entsprechenden Ausstechern Herzen und Sterne ausstechen. Je einen Cakepop-Stiel hineinstechen und die Cakepops kühl stellen.

5 Die Schmelzdrops jeweils in einem kleinen Topf auflösen und in ein hohes, schmales Glas geben. Je 10 Cakepops hineintauchen, leicht drehen, abtropfen lassen und sofort mit Perlen, Herzen oder Sternen und Glitzerpulver verzieren. Auf eine Styroporplatte stecken und trocknen lassen.

Angelika Schwalber empfiehlt

Hübsch anrichten lassen sich die Cakepops in mit (buntem) Zucker gefüllten Gläsern. Die Cakepops sind auch ideal als Mitbringsel, z. B. als essbarer Blumenstrauß: Dafür einen kleinen Blumenübertopf mit einem passenden Stück Steckschaum (aus dem Floristenbedarf) auslegen und die Cakepops hineinstecken.

Gebackene Cakepops mit Schokoladenglasur

Zutaten für 30 Stück

Für den Sandkuchenteig:
60 g weiche Butter
110 g Puderzucker
1 TL abgeriebene Bio-Zitronenschale
3 EL Milch
1 EL Zitronensaft
Salz · 1 Ei
95 g Mehl
½ TL Backpulver
½ TL Natron
2 EL Kakaopulver

Außerdem:
Butter für den Cakepopmaker
200–300 g Schokolade oder Kuvertüre (nach Wahl)
30 Cakepop-Stiele

1 Für den Sandkuchenteig die Butter mit dem Puderzucker leicht schaumig rühren. Die Zitronenschale, die Milch, den Zitronensaft und 1 Prise Salz untermischen. Das Ei unterrühren. Das Mehl mit dem Backpulver und dem Natron sieben und kurz unterheben.

2 Den Cakepopmaker vorheizen. Die Hälfte des Teigs mit dem Kakaopulver mischen. Den hellen und den dunklen Teig jeweils in einen Spritzbeutel geben. Den Cakepopmaker leicht einfetten.

3 Den hellen und den dunklen Teig übereinander oder nebeneinander in die Mulden des Cakepopmakers füllen, diesen schließen und den Teig darin 4 bis 6 Minuten backen. Herausnehmen und abkühlen lassen.

4 Die Schokolade hacken und in einer Metallschüssel im warmen Wasserbad schmelzen und temperieren (siehe Tipp S. 100). Die Cakepop-Stiele hineintauchen, in die kalten Cakepops stecken und fest werden lassen. Die Cakepops in die geschmolzene Schokolade tauchen und nach Belieben mit Zuckerperlen o. Ä. (siehe Tipp) garnieren.

Angelika Schwalber empfiehlt

Für alle, die gerne (und regelmäßig) Cakepops backen, ist der Cakepopmaker eine lohnende Investition. Dekomaterialien wie kleine Zuckerperlen, Herzen und Sterne machen aus den Cakepops wahre Kunstwerke. Die beste Auswahl an Dekoartikeln bietet das Internet.

Apfelkücherl und gebackene Fruchtspiesse

Zutaten für ca. 20 Stück

Für den Backteig:
210 g Mehl
1 Msp. Vanillemark
Salz
1 Msp. abgeriebene Bio-Zitronenschale
140 ml Milch
140 g Sahne
2 Eier
4 EL Zucker

Außerdem:
ca. 1 kg Obst (Äpfel, Birnen, Trauben und Zwetschgen)
Butterschmalz zum Ausbacken
Zimtzucker zum Wälzen

1 Für den Backteig das Mehl mit dem Vanillemark, 1 Prise Salz und der Zitronenschale mischen. Die Milch und die Sahne unterrühren. Die Eier und den Zucker hinzufügen und zu einem dickflüssigen Backteig verrühren.

2 Die Äpfel schälen, das Kerngehäuse herausstechen und die Äpfel in 1 cm dicke Ringe schneiden. Die Birnen schälen, vierteln, entkernen und in Stücke schneiden. Die Trauben waschen und abzupfen, die Zwetschgen waschen, halbieren, entsteinen und in Stücke schneiden. Birnen, Trauben und Zwetschgen einzeln oder gemischt auf Holzspieße stecken.

3 Reichlich Butterschmalz in einem Topf oder der Fritteuse auf 180 °C erhitzen – es ist heiß genug, wenn sich an einem hineingehaltenen Holzlöffelstiel Blasen bilden.

4 Die Apfelringe und die Fruchtspieße durch den Backteig ziehen und portionsweise im heißen Butterschmalz rundum goldbraun ausbacken. Herausnehmen, auf Küchenpapier abtropfen lassen und im Zimtzucker wälzen.

Angelika Schwalber empfiehlt

Falls sich der Teig beim Backen etwas vom Obst lösen sollte, dieses zuerst kurz in Mehl wenden und erst dann durch den Teig ziehen. Zu ausgebackenem Obst schmeckt Vanilleeis oder -sauce gut.

Beschwipster Engel mit Prosecco und Kokos

Zutaten für eine 3-D-Engelbackform (ca. 280 ml Inhalt)

Für den Rührteig:
75 g weiche Butter
75 g Puderzucker
2 Msp. abgeriebene Bio-Zitronenschale
2 Msp. Vanillemark · Salz
2 Eier · 1 Eigelb
3 ½ EL trockener Prosecco (oder Sekt)
90 g Mehl
½ TL Backpulver
½ TL Zimtpulver
3 EL Schokostreusel
3 EL Korinthen

Außerdem:
Butter für die Form
200–300 g weiße Kuvertüre
Kokosraspel

1 Den Backofen auf 180 °C vorheizen. Für den Teig die Butter mit dem Puderzucker leicht schaumig rühren. Die Zitronenschale, das Vanillemark und 1 Prise Salz untermischen. Die Eier und das Eigelb nach und nach unterrühren. Dann den Prosecco unterrühren.

2 Das Mehl mit dem Backpulver sieben, mit dem Zimt mischen und mit dem Teigschaber unter den Rührteig heben. Die Schokostreusel und Korinthen untermischen.

3 Den Teig in die gefettete Engelbackform füllen. Im Ofen auf der mittleren Schiene 30 bis 35 Minuten backen. Herausnehmen und 10 Minuten abkühlen lassen. Dann auf ein Kuchengitter stürzen und auskühlen lassen.

4 Die weiße Kuvertüre hacken, in einer Metallschüssel im warmen Wasserbad schmelzen und temperieren (siehe Tipp). Den Engel damit überziehen und die Flügel mit Kokosraspeln bestreuen. Nach Belieben noch mit Blattgoldflocken verzieren.

Angelika Schwalber empfiehlt

Damit Kuvertüre einen schönen Glanz bekommt, ist es wichtig, dass sie beim Erwärmen die richtige Temperatur hat, sie sollte also »temperiert« werden. Dafür die Kuvertüre klein hacken und zwei Drittel davon im warmen Wasserbad unter Rühren schmelzen. Die Schüssel aus dem Wasserbad nehmen, die restliche Kuvertüre hinzufügen und unter Rühren in der warmen Kuvertüre schmelzen. Falls sich die Stücke nicht ganz auflösen sollten, die Kuvertüre nochmals vorsichtig im Wasserbad erwärmen. Sie sollte dabei aber nicht mehr wärmer als 32 °C, weiße Kuvertüre sogar nicht mehr wärmer als 28 °C werden.

Apfeltaler mit Mandeln

Zutaten für 12 Stück

1 Packung Blätterteig (275 g; aus dem Kühlregal)
1 EL Aprikosenkonfitüre
1 EL Speisequark
2 Äpfel
50 g Mandelblättchen
1 EL Sahne
2 EL Zucker
½ TL Zimtpulver
Puderzucker zum Bestäuben

1 Den Blätterteig auf der Arbeitsfläche ausbreiten und 12 Kreise (etwa 8 cm Durchmesser) ausstechen. Die Teigkreise auf ein mit Backpapier belegtes Backblech legen. Den Backofen auf 200 °C vorheizen.

2 Die Aprikosenkonfitüre mit dem Quark glatt rühren. Jeweils 1 kleinen Klecks Aprikosenquark in die Mitte der Blätterteigkreise setzen und verstreichen, dabei einen kleinen Rand frei lassen.

3 Die Äpfel vierteln, schälen und das Kerngehäuse entfernen. Die Apfelviertel in dünne Spalten schneiden und diese fächerförmig auf den Aprikosenquark legen.

4 Die Mandelblättchen mit den Händen zerdrücken und mit Sahne, Zucker und Zimt mischen. Die Mandelmischung auf die Apfelspalten streuen. Die Apfeltaler im Ofen auf der mittleren Schiene 15 bis 20 Minuten backen. Herausnehmen und noch warm leicht mit Puderzucker bestäuben.

Angelika Schwalber empfiehlt

Die Apfeltaler sind eine feine Kleinigkeit, die sich schnell zubereiten lässt. Nicht nur ideal für (Überraschungs-)Gäste, sondern auch ein schönes Fingerfood-Mitbringsel für Feste und Partys.

Nussminis mit Zwetschgen

1 Für den Nussteig die Haselnüsse in einer Pfanne ohne Fett rösten und abkühlen lassen. Mit dem Mehl, dem Puderzucker, dem Zimt, der Zitronenschale und 1 Prise Salz auf die Arbeitsfläche geben und die Butter in Stückchen darauf verteilen. Alles mit den Händen rasch zu einem glatten Teig verkneten. Zu einem Rechteck formen, in Frischhaltefolie wickeln und 30 Minuten kühl stellen.

2 Den Backofen auf 180 °C vorheizen. Den Teig nochmals kurz durchkneten und in 12 gleich große Stücke teilen. Die Teigstücke auf der leicht bemehlten Arbeitsfläche zu Kreisen ausrollen und Tartelett-Formen (etwa 7 cm Durchmesser) damit auslegen, dabei einen Rand hochdrücken.

3 Die Zwetschgen waschen, halbieren und entsteinen. Die Zwetschgenhälften längs mit einem Messer fächerförmig einschneiden. Jeweils 3 Zwetschgenhälften in eine Tartelettform legen.

4 Die Zwetschgen-Nuss-Minis im Ofen auf der mittleren Schiene 30 bis 35 Minuten backen. Aus dem Ofen nehmen, sofort mit Zimtzucker bestreuen und abkühlen lassen. Vorsichtig aus den Tartelettformen lösen.

Zutaten für 12 Stück

Für den Nussteig:
100 g gemahlene Haselnüsse
200 g Mehl
80 g Puderzucker
½ TL Zimtpulver
1 Msp. abgeriebene Bio-Zitronenschale
Salz
200 g weiche Butter

Für den Belag:
18 Zwetschgen

Außerdem:
Mehl für die Arbeitsfläche
Zimtzucker zum Bestreuen

Angelika Schwalber empfiehlt

Der Teigboden muss nicht sehr dünn ausgerollt werden. In diesem Fall darf er sogar etwas dicker sein, denn so schmeckt er besonders saftig. Anstelle von Zwetschgen kann man die Nussminis auch gut mit in Spalten geschnittenen Äpfeln zubereiten.

Weihnachtsmuscheln »Madeleine«

Zutaten für ca. 50 Stück

Für den Teig:
120 g Butter
3 EL getrocknete Kamillenblüten
2 Eier
100 g Zucker
1–2 TL abgeriebene Bio-Orangenschale
1 Msp. Vanillemark
Fleur de Sel
125 g Mehl

Außerdem:
Butter und Mehl für die Form
3–4 EL Aprikosenkonfitüre
100 g Puderzucker
2 EL Orangensaft
2 TL Honig
50 g Kokosraspel
200 g Zartbitterkuvertüre

1 Für den Teig die Butter in einem kleinen Topf zerlassen, vom Herd nehmen und die Kamillenblüten unterrühren. Etwa 10 Minuten ziehen lassen, durch ein feines Sieb gießen und die Kamillenblüten leicht ausdrücken.

2 Den Backofen auf 190 °C vorheizen. Ein Madeleine-Backblech mit Butter einfetten und mit Mehl ausstäuben. Die Eier mit dem Zucker cremig schlagen. Die Orangenschale, das Vanillemark und 1 Prise Fleur de Sel unterrühren. Das Mehl sieben und unterheben. Zuletzt die Kamillenbutter nach und nach unterrühren.

3 Den Teig in einen Spritzbeutel mit Lochtülle und die Aprikosenkonfitüre in eine Spritztüte geben. Die Madeleinemulden zu zwei Dritteln mit Teig füllen und je 1 etwa erbsengroßen Tropfen Aprikosenkonfitüre in den Teig spritzen. Die Madeleines im Ofen auf der mittleren Schiene 10 bis 12 Minuten backen. Aus der Form lösen und auf einem Kuchengitter abkühlen lassen. Mit dem restlichen Teig ebenso verfahren.

4 Für die Glasur den Puderzucker mit Orangensaft und Honig verrühren und die Oberseite der Muscheln damit bestreichen. Die Kokosraspel in eine kleine Schüssel füllen, die Muscheln mit einer Hälfte am Rand hineintauchen und trocknen lassen. Die Zartbitterkuvertüre hacken, in einer Metallschüssel im warmen Wasserbad schmelzen und temperieren (siehe Tipp S. 100). Die Weihnachtsmuscheln mit der anderen Hälfte hineintauchen und trocknen lassen.

Angelika Schwalber empfiehlt

Getrocknete lose Kamillenblüten bekommt man gut im Teeladen oder in der Apotheke. Im Notfall kann man auch die getrocknete Kamille aus Teebeuteln verwenden. Dann sollte man die Kamillenbutter allerdings zum Schluss durch ein mit einem Küchentuch ausgelegtes Sieb gießen (da das Küchentuch viel Butter aufnimmt, etwa 10 g mehr Butter als angegeben verwenden).

Marmor-Brownies mit Cashewkernen

Zutaten für ca. 25 Stück

60 g Zartbitterschokolade
60 g weiße Schokolade
50 g Cashewkerne
90 g weiche Butter
1 Msp. Vanillemark
180 g Puderzucker
Salz · 2 Eier
90 g Mehl
½ TL abgeriebene Bio-Orangenschale
Puderzucker zum Bestäuben

1 Die Zartbitterschokolade und die weiße Schokolade hacken und jeweils in einer Metallschüssel im warmen Wasserbad schmelzen. Die Cashewkerne hacken. Den Backofen auf 180 °C vorheizen.

2 Die Butter mit dem Vanillemark, dem Puderzucker und 1 Prise Salz in eine Schüssel geben und mit den Quirlen des Handrührgeräts glatt rühren. Dann die Eier und zum Schluss das Mehl mit den Cashewkernen unterrühren.

3 Die Hälfte des Teigs mit der Zartbitterschokolade verrühren, die die andere Hälfte mit der weißen Schokolade und der Orangenschale mischen. Einen Backrahmen (20 x 20 cm) auf ein mit Backpapier belegtes Backblech stellen, die dunkle Teigmasse hineinfüllen und gleichmäßig glatt streichen. Die helle Teigmasse in einen Spritzbeutel mit mittlerer Lochtülle geben und Tupfen an Tupfen auf die dunkle Masse spritzen.

4 Die Marmor-Brownies im Ofen auf der mittleren Schiene etwa 30 Minuten backen. Aus dem Ofen nehmen, noch warm mit Puderzucker bestäuben und in Stücke schneiden.

Angelika Schwalber empfiehlt

Man kann die Browniemasse auch ohne Backrahmen auf dem Backblech zu einem Rechteck ausstreichen oder einfach in einer ofenfesten Form backen. Später lassen sich die Stücke z.B. mit einem Pfannenwender herausheben.

Pistazien-Cookies mit Sternanis

Zutaten für ca. 60 Stück

Für den Teig:
2 Zacken Sternanis
125 g weiche Butter
100 g Puderzucker
1 Msp. Vanillemark
1 Msp. abgeriebene Bio-Zitronenschale
Salz · 1 Ei
200 g Mehl
½ TL Backpulver
½ TL Natron

Für den Belag:
60 g Pistazienkerne
30 g getrocknete Cranberrys

1 Für den Teig den Backofen auf 160 °C Umluft vorheizen. Den Sternanis im Mörser zerkleinern. Die Butter mit dem Puderzucker, dem Sternanis, dem Vanillemark, der Zitronenschale und 1 Prise Salz in eine Schüssel geben und mit den Quirlen des Handrührgeräts leicht schaumig rühren. Das Ei unterrühren. Das Mehl mit dem Backpulver und dem Natron sieben und unter die Buttermasse heben.

2 Den Teig in einen Spritzbeutel mit großer Lochtülle geben und kleine Häufchen auf zwei mit Backpapier belegte Backbleche spritzen. Dabei zwischen den Teighäufchen einen ausreichend großen Abstand lassen, da der Teig beim Backen noch auseinanderläuft.

3 Die Cookies ganz dicht mit Pistazien und Cranberrys belegen und im Ofen 8 bis 10 Minuten backen. Die Pistazien-Cookies herausnehmen und abkühlen lassen.

Angelika Schwalber empfiehlt

Anstelle von Cranberrys kann man die Cookies auch mit kleinen Stücken Nougat belegen. Eine leckerer Ersatz sind auch getrocknete Kirschen.

Kokosplätzchen mit Pflaumen

Zutaten für ca. 30 Stück

150 g Mehl
50 g Zucker
1 Msp. abgeriebene Bio-Zitronenschale
1 Msp. Vanillemark · Salz
100 g flüssige Butter
2 EL Kokosraspel
ca. 70 g Pflaumenmus
Zimtzucker zum Bestreuen
Puderzucker zum Bestäuben

1 Den Backofen auf 200 °C vorheizen. Ein Backblech mit Backpapier belegen. Das Mehl mit dem Zucker, der Zitronenschale, dem Vanillemark und 1 Prise Salz mischen und mit der Butter zu Streuseln kneten. Die Hälfte der Streusel mit den Kokosraspeln mischen. Den restlichen Teig in kleinen Häufchen auf das Backblech setzen und etwas flach drücken.

2 Auf jedes Plätzchen mittig 1 Klecks Pflaumenmus geben und dicht mit den Kokosstreuseln bedecken. Im Ofen auf der mittleren Schiene 10 bis 12 Minuten backen. Herausnehmen und die heißen Plätzchen sofort mit Zimtzucker bestreuen. Abkühlen lassen und leicht mit Puderzucker bestäuben.

Schokospitzbuben mit Himbeerkonfitüre

Zutaten für ca. 25 Stück

Für den Mürbeteig:
210 g Mehl
15 g Kakaopulver
75 g Puderzucker
1 Msp. abgeriebene Bio-Zitronenschale
1 Msp. Vanillemark
Salz
1 Eigelb
150 g weiche Butter

Außerdem:
Mehl für die Arbeitsfläche
Puderzucker zum Bestäuben
ca. 75 g Himbeerkonfitüre

1 Am Vortag das Mehl mit dem Kakaopulver auf die Arbeitsfläche sieben und in die Mitte eine Mulde drücken. Den Puderzucker mit der Zitronenschale, dem Vanillemark, 1 Prise Salz und dem Eigelb in die Vertiefung geben. Die Butter in Stücken am Rand verteilen. Alles mit den Händen rasch zu einem glatten Teig verkneten, zu einem Rechteck formen, in Frischhaltefolie wickeln und über Nacht kühl stellen.

2 Am nächsten Tag den Backofen auf 180 °C vorheizen. Den Teig auf der bemehlten Arbeitsfläche etwa 3 mm dünn ausrollen und mit einem sternförmigen Ausstecher Sterne ausstechen. Bei der Hälfte der Sterne in der Mitte ein Loch ausstechen.

3 Die Plätzchen auf ein mit Backpapier belegtes Backblech legen und im Ofen auf der mittleren Schiene 8 bis 10 Minuten backen. Herausnehmen und Sterne mit Loch noch heiß mit Puderzucker bestäuben.

4 Die Plätzchen abkühlen lassen und die Sterne mit Loch nochmals leicht mit Puderzucker bestäuben. Die Konfitüre glatt rühren und je 1 kleinen Klecks mittig auf die Plätzchen ohne Loch geben, dann 1 Stern mit Loch passend daraufsetzen und vorsichtig andrücken.

Lebkuchenplatzerl mit Cranberrys

Zutaten für ca. 64 Stück

Für den Mürbeteig:
370 g Mehl
100 g Puderzucker
1 Msp. abgeriebene Bio-Zitronenschale
1 Msp. Vanillemark
Salz · 1 Ei
250 g weiche Butter

Für die Streusel:
150 g Mehl
70 g Zucker
1 Msp. Vanillemark
1 Msp. abgeriebene Bio-Orangenschale
Salz
1 TL Lebkuchengewürz
2–3 EL Milch
70 g weiche Butter

Für die Füllung:
300 g Marzipanrohmasse
1 EL Puderzucker
5 cl Amaretto (ital. Mandellikör)
50 ml Orangensaft
2 EL getrocknete Cranberrys
50 g Orangeat
100 g Rosinen

Außerdem:
1 Eigelb
Puderzucker zum Bestäuben

1 Für den Mürbeteig das Mehl auf die Arbeitsfläche sieben und in die Mitte eine Mulde drücken. Den Puderzucker mit der Zitronenschale, dem Vanillemark, 1 Prise Salz und dem Ei in die Vertiefung geben. Die Butter in kleinen Stücken am Rand verteilen. Alles mit den Händen rasch zu einem glatten Teig verkneten, zu einem Rechteck formen, in Frischhaltefolie wickeln und 1 Stunde kühl stellen.

2 Für die Streusel das Mehl mit dem Zucker, dem Vanillemark, der Orangenschale, 1 Prise Salz, dem Lebkuchengewürz und der Milch mischen. Die Butter in Stücken dazugeben und alles rasch zu Streuseln verkneten.

3 Für die Füllung das Marzipan mit dem Puderzucker, dem Amaretto und dem Orangensaft glatt rühren. Die Cranberrys und das Orangeat fein hacken.

4 Den Backofen auf 180 °C vorheizen. Ein Backblech mit Backpapier belegen. Den Teig halbieren und eine Hälfte zu einem Rechteck (40 x 25 cm) ausrollen. Die Hälfte der Marzipanfüllung daraufstreichen und die Hälfte der Cranberrys, des Orangeats und der Rosinen gleichmäßig darüberstreuen.

5 Die Teigplatte längs halbieren, von der langen Seite her aufrollen und mit einem scharfen Messer in 2 ½ cm breite Scheiben schneiden. Das Eigelb leicht verquirlen, die Schnecken auf einer Seite damit bestreichen und in die Streusel drücken. Mit den restlichen Zutaten ebenso verfahren.

6 Die Schnecken nebeneinander auf das Backblech legen und im Ofen auf der mittleren Schiene etwa 20 Minuten backen. Herausnehmen und leicht mit Puderzucker bestäuben.

Omas Weihnachtswürfel mit Haselnüssen

1 Für den Teig die Eier trennen. Die Butter mit 2 EL Puderzucker und dem Vanillemark leicht cremig rühren. Die Eigelbe nach und nach unterrühren. Die Haselnüsse mit dem Mehl mischen und unter die Butter-Eigelb-Masse rühren.

2 Die Eiweiße mit dem restlichen Puderzucker und 1 Prise Salz zu cremigem Eischnee schlagen. Mit den Schokoraspeln und dem Rum unter die Masse mischen.

3 Den Backofen auf 190 °C vorheizen. Einen Backrahmen (20 x 25 cm) auf ein mit Backpapier belegtes Backblech setzen, den Teig hineinfüllen und glatt streichen. Im Ofen auf der mittleren Schiene 20 bis 25 Minuten backen. Herausnehmen und abkühlen lassen.

4 Die Aprikosenkonfitüre kurz aufkochen, den Kuchen damit bestreichen und antrocknen lassen. Anschließend den Puderzucker mit dem Rum und der Milch verrühren und den Kuchen damit bestreichen. Fest werden lassen und den Kuchen in 3 x 3 cm große Würfel schneiden.

5 Für die Garnitur den Puderzucker sieben und mit dem Eiweiß verrühren. Falls die Glasur etwas zu weich ist, noch etwas Puderzucker unterruhren. Die Glasur in mehrere Portionen teilen und mit den Lebensmittelfarben unterschiedlich einfärben. Jeweils in einen Spritzbeutel mit kleinster Lochtülle geben und die Kuchenwürfel nach Belieben verzieren (siehe Tipp).

Zutaten für ca. 48 Stück

Für den Teig:
3 Eier
125 g weiche Butter
100 g Puderzucker
1 Msp. Vanillemark
125 g gemahlene Haselnüsse
50 g Mehl
Salz
125 g Zartbitter-Schokoladenraspel
3 cl Rum

Für die Glasur:
3 EL Aprikosenkonfitüre
125 g Puderzucker
2 cl Rum
1 EL Milch

Außerdem:
ca. 100 g Puderzucker
1–2 EL Eiweiß
Lebensmittelfarbe (z. B. Rot, Grün und Gelb)

Angelika Schwalber empfiehlt

Beim »Bemalen« der Kuchenwürfel können Sie Ihrer Kreativität freien Lauf lassen. Da die Kuchenwürfel nicht sehr groß sind, eignen sich schlichte Motive mit wenigen Details. Mit grüner Glasur können Sie z. B. Tannenbäume auf die Würfel zeichnen, mit Rot kleine Nikolausstiefelchen oder mit Gelb einen Stern.

Nikolausmützen mit Marzipan-Kakao-Füllung

Zutaten für ca. 40 Stück

Für den Mürbeteig:
150 g Mehl
50 g Puderzucker
1 Msp. abgeriebene Bio-Zitronenschale
1 Msp. Vanillemark
Salz
1 Eigelb
100 g weiche Butter

Für die Marzipan-Kakao-Füllung:
100 g Marzipanrohmasse
5 EL Puderzucker
1 TL Kakaopulver
etwas Eiweiß
1 cl Rum
1 Msp. Zimtpulver
1 Msp. Nelkenpulver
1 Msp. Vanillemark

Außerdem:
Mehl für die Arbeitsfläche
Milch zum Bestreichen
100 g Mandelblättchen
100 g Aprikosenkonfitüre (ohne Stücke)

1 Für den Mürbeteig das Mehl auf die Arbeitsfläche sieben und in die Mitte eine Mulde drücken. Den Puderzucker mit der Zitronenschale, dem Vanillemark, 1 Prise Salz und dem Eigelb in die Vertiefung geben. Die Butter in kleinen Stücken am Rand verteilen. Alles mit den Händen rasch zu einem glatten Teig verkneten, zu einem Rechteck formen, in Frischhaltefolie wickeln und 1 Stunde kühl stellen.

2 Für die Marzipan-Kakao-Füllung alle Zutaten verrühren, sodass eine glatte, spritzfähige Masse entsteht. In einen Spritzbeutel mit Lochtülle geben. Den Backofen auf 180 °C vorheizen. Ein Backblech mit Backpapier belegen.

3 Den Mürbeteig auf der bemehlten Arbeitsfläche etwa 3 mm dick ausrollen und Kreise (etwa 4 1/2 cm Durchmesser) ausstechen. Mit dem Spritzbeutel jeweils einen walnussgroßen Tupfen der Füllung in die Mitte spritzen. Den Teig an drei Stellen zur Mitte hochziehen und zu einem Dreispitz zusammendrücken.

4 Die Plätzchen auf das Backblech setzen und dünn mit Milch bestreichen. Im Ofen auf der mittleren Schiene 10 bis 12 Minuten backen. Herausnehmen und etwas abkühlen lassen.

5 Die Mandelblättchen in einer Pfanne ohne Fett anrösten. Abkühlen lassen und mit den Händen fein zerbröseln. Die noch warmen Plätzchen mit Aprikosenkonfitüre bestreichen und mit den Mandeln bestreuen.

Angelika Schwalber empfiehlt

Durch das Bestreichen mit Milch bekommen die Plätzchen einen schönen Glanz. Mürbeteig kann übrigens wunderbar vorbereitet werden. Im Kühlschrank hält er sich bis zu einer Woche, und man kann ihn sogar einfrieren.

Schneeballen auf klassische Art

Zutaten für 6 Stück

Für den Teig:
250 g Mehl
2 EL Puderzucker
60 g Butter
4 Eigelb
1 Ei
1 EL Rum
100 g saure Sahne
etwas Milch
1 Prise Salz

Außerdem:
Mehl für die Arbeitsfläche
Butterschmalz zum Ausbacken
Puderzucker zum Bestäuben

1 Für den Teig alle Zutaten mit den Knethaken des Handrührgeräts oder mit den Händen zu einem festen Teig verarbeiten und 20 Minuten kühl stellen. Den Teig auf der bemehlten Arbeitsfläche rechteckig dünn ausrollen, ein Drittel zur Mitte hin einklappen, das andere äußere Drittel darüberschlagen und den Teig wieder ausrollen. Den Vorgang zweimal wiederholen. Nochmals 20 Minuten kühl stellen.

2 Den Teig dünn zu einem Rechteck (24 x 36 cm) ausrollen. Daraus 6 Quadrate (à 12 x 12 cm) schneiden. In jedes Quadrat mit einem Teigrädchen im Abstand von 1 cm Streifen einschneiden, dabei aber das Quadrat nicht durchschneiden und einen etwa 1 cm breiten Rand auf beiden Seiten lassen.

3 Reichlich Butterschmalz in der Fritteuse oder einem hohen Topf erhitzen – es ist heiß genug, wenn sich an einem hineingehaltenen Holzlöffelstiel Blasen bilden.

4 Ein eingeschnittenes Teigquadrat auf einen Kochlöffelstiel auffädeln, dabei mit dem Stiel abwechselnd unter und über einem Teigstreifen hindurchgehen. Den Löffelstiel langsam ins heiße Fett tauchen und den Teig kurz darin anbacken, dann vorsichtig vom Stiel lösen und ins Fett gleiten lassen. Mit den restlichen Teigquadraten ebenso verfahren.

5 Die Schneeballen rundum goldbraun ausbacken. Mit dem Schaumlöffel herausheben, auf Küchenpapier abtropfen und abkühlen lassen. Mit Puderzucker bestäuben.

Angelika Schwalber empfiehlt

Noch leichter geht die Zubereitung mit einer Schneeballenform. Dafür, wie oben beschrieben, die Teigquadrate auf einen Kochlöffelstiel auffädeln, den Teig vom Löffelstiel in eine Schneeballenform gleiten lassen und diese gut verschließen. Den Schneeballen in der Form im Fett hellbraun ausbacken. Die Schneeballenform ist im Fachhandel oder im Internet erhältlich.
Eine feine Variation sind auch Mandelschneeballen. Dafür beim Teig 100 g Mehl durch gemahlene Mandeln ersetzen und 1 TL Zimtpulver untermischen.

Rehrücken im Marzipanmantel

1 Für den Teig den Backofen auf 180 °C vorheizen. Die Löffelbiskuits zerbröseln. Die Mandeln in einer Pfanne ohne Fett rösten und abkühlen lassen. Die Kuvertüre fein raspeln. Die Eier trennen.

2 Die Butter mit 70 g Zucker und dem Vanillemark mit den Quirlen des Handrührgeräts schaumig rühren. Die Eigelbe nach und nach unterrühren. Das Mehl mit dem Backpulver sieben und mit den Löffelbiskuitbröseln, den Mandeln und der Kuvertüre mischen.

3 Die Eiweiße mit dem restlichen Zucker und 1 Prise Salz zu cremigem Schnee schlagen. Den Eischnee vorsichtig mit der Mehl-Mandel-Mischung unter die Butter-Eigelb-Masse heben.

4 Eine Rehrückenform (30 cm) mit Butter einfetten und mit Mehl ausstäuben. Den Teig hineingeben, glatt streichen und im Ofen auf der mittleren Schiene 35 bis 40 Minuten backen. Herausnehmen, etwas abkühlen lassen und auf ein Kuchengitter stürzen. Vollständig abkühlen lassen.

5 Für die Marzipandecke das Marzipan mit dem Puderzucker und dem Rum verkneten und zwischen zwei Lagen Frischhaltefolie zu einem Rechteck in Größe des Rehrückens ausrollen. Den Rehrücken rundum mit der Aprikosenkonfitüre bestreichen. Die Marzipandecke darüberlegen und andrücken. Mit den Mandelstiften spicken.

6 Die Kuvertüre klein hacken, in einer Metallschüssel im warmen Wasserbad schmelzen und temperieren (siehe Tipp S. 100). Den Rehrücken damit überziehen und fest werden lassen.

Zutaten für ca. 10 Stücke

Für den Teig:
50 g Löffelbiskuits
125 g gemahlene Mandeln
100 g Zartbitterkuvertüre
5 Eier
100 g weiche Butter
200 g Zucker
1 Msp. Vanillemark
75 g Mehl
1 TL Backpulver
Salz

Für die Marzipandecke:
300 g Marzipanrohmasse
50 g Puderzucker
1 EL Rum

Außerdem:
Butter und Mehl für die Form
2–3 EL Aprikosenkonfitüre
ca. 50 g Mandelstifte
200 g Zartbitterkuvertüre

Angelika Schwalber empfiehlt

Wer kein großer Marzipanfreund ist, kann die Marzipandecke natürlich auch einfach weglassen – dann am besten aber auch auf das Einstreichen mit Aprikosenmarmelade verzichten. So können Sie den Rehrücken direkt mit den Mandelstiften spicken und mit Schokolade überziehen.

Gebackener Weihnachtsapfel mit Preiselbeer-Rotwein-Ragout

Zutaten für 4 Personen

Für das Preiselbeer-Rotwein-Ragout:
1 EL Speisestärke
1/4 l Rotwein
5 EL Puderzucker
2 cm Zimtstange
1 Stück Vanilleschote (ca. 2 cm)
200 g Preiselbeeren (tiefgekühlt; aufgetaut)

Für den Backteig:
210 g Mehl
1 Msp. Vanillemark · Salz
1 Msp. abgeriebene Bio-Zitronenschale
100 ml Milch · 100 g Sahne
80 ml Prosecco
2 Eier · 4 EL Zucker

Für die Füllung:
3 EL getrocknete Cranberrys
2 EL Pistazienkerne
1/2 TL Rosmarinnadeln (fein gehackt)
100 g Marzipanrohmasse
2 cl Amaretto (ital. Mandellikör)
1 EL Zucker
je 1 Msp. Vanillemark, Zimtpulver und abgeriebene Bio-Orangenschale

Außerdem:
4 kleine Äpfel
Butterschmalz zum Ausbacken
Zimtzucker zum Wälzen

1 Für das Preiselbeer-Rotwein-Ragout Speisestärke mit 3 EL Wein glatt rühren. Den Puderzucker in einem Topf karamellisieren und mit dem restlichen Wein ablöschen. Die Zimtstange und die Vanilleschote dazugeben, die Speisestärke hinzufügen und kurz köcheln lassen, bis das Ragout sämig bindet. Die Preiselbeeren unterrühren und in der Sauce erwärmen. Das Ragout abkühlen lassen.

2 Für den Backteig das Mehl mit dem Vanillemark, 1 Prise Salz und der Zitronenschale mischen. Die Milch, die Sahne und den Prosecco unterrühren. Die Eier und den Zucker hinzufügen und zu einem dickflüssigen Backteig verrühren.

3 Für die Füllung die Cranberrys und die Pistazien fein hacken und mit den restlichen Zutaten zu einer glatten Masse verkneten. Von den Äpfeln am Stielende einen etwa 1 cm dicken Deckel abschneiden. Die Äpfel aushöhlen und die Füllung hineingeben. Den Deckel wieder daraufsetzen und mit zwei Holzspießchen feststecken.

4 Reichlich Butterschmalz in einen Topf oder die Fritteuse geben und auf 180 °C erhitzen – es ist heiß genug, wenn sich an einem hineingehaltenen Holzlöffelstiel Blasen bilden. Die gefüllten Äpfel durch den Backteig ziehen und im Schmalz etwa 10 Minuten goldbraun ausbacken. Mit dem Schaumlöffel herausheben, auf Küchenpapier abtropfen lassen und in Zimtzucker wälzen.

5 Das Preiselbeer-Rotwein-Ragout auf vier Teller verteilen und je 1 angeschnittenen Apfel (ein Viertel herausgeschnitten) daraufsetzen. Nach Belieben mit einem knusprigen Rosmarinzweig und Vanilleschaum verzieren (siehe Tipp). Noch warm servieren.

Angelika Schwalber empfiehlt

Garnieren Sie die Bratäpfel noch mit einem knusprigen Rosmarinzweig und servieren Sie dazu einen Vanilleschaum. Dafür 4 gewaschene und trocken getupfte Rosmarinzweige 1 Minute im Butterschmalz frittieren und auf den Bratäpfeln anrichten. Für den Vanilleschaum aus 200 ml Milch, 1 EL Zucker, 1 Msp. Vanillemark und 1/2 TL Speisestärke eine Vanillesauce kochen und mit dem Stabmixer aufmixen. Den Schaum dünn um den Preiselbeerspiegel auf den Tellern verteilen.

REGISTER

Willkommen bei Alfons Schuhbeck!

Alfons Schuhbecks Sternerestaurant »In den Südtiroler Stuben« liegt am historischen Platzl, im Herzen von München. Hier finden Sie auch seine Kochschule, sein Restaurant »Orlando« mit der »Orlando Bar«, seinen Eissalon sowie seinen Tee-, Gewürz- und Schokoladenladen. Seine Produkte können Sie bequem im Onlineshop bestellen. Weitere Informationen erhalten Sie im Internet, telefonisch oder persönlich am Platzl.

Schuhbecks
Am Platzl 2
80331 München
Tel.: 089/21 66 90-110

www.schuhbeck.de
www.schuhbeck-gewuerze.de

Wegweiser zu den Sendungen 2013/2014

Folge 1

Folge 2

Folge 3

Folge 4

Folge 5

Folge 6

Folge 7

Folge 8

Folge 9

Folge 10